Günther Klempnauer

Hinter den Kulissen ist Gott nicht tabu

Medienstars im Gespräch über ihr Leben

Günther Klempnauer

Hinter den KULISSEN ist GOTT nicht tabu

Medienstars im Gespräch über ihr Leben

SCHULTE & GERTH

Best.-Nr. 815 946
ISBN 3-89437-946-4
1. Auflage 2004
Umschlaggestaltung: Ursula Stephan
Coverfotos: dpa, Hamburg: B. Wussow, C. Richard, T. Gottschalk,
Polydor: P. Kelly
Fotos im Innenteil: dpa, Hamburg: S. 7, S. 29, S. 63, S. 99, S. 107, S. 119
G. Klempnauer: S. 39, S. 75, S. 80, S. 109, S. 131, S. 152, S. 163
Privat, Kovacs: S. 93
BMG: S. 19, S. 57
Satz: Die Feder GmbH, Wetzlar
Druck und Verarbeitung: Ebner & Spiegel, Ulm
Printed in Germany

Bibelstellen sind, soweit nicht anders angegeben,
der „Gute-Nachricht"-Bibel entnommen.

Inhalt

Mit Gott fang an, mit Schalk hör auf
Thomas Gottschalk, TV- Moderator 7

Es war, als tanzten die Engel
Hanne Haller, Schlagersängerin 19

„Lieber Gott, wenn es dich gibt ..."
Peter Maffay, Rocksänger 29

„Meine heiligste Stunde in Posolera"
Dietmar Schönherr, Schauspieler 39

„Amazing grace", bevor der Vorhang fällt
Corinna May, Schlagersängerin 57

„Hinterm Horizont geht's weiter"
Udo Lindenberg, Rocksänger 63

Wenn Gott Regie führt, spielen wir richtig
Barbara Wussow und Albert Fortell,
Schauspielerehepaar 75

Eine Glückswelle durchströmte mein Leben
Mijou Kovacs, Schauspielerin 93

Meine Hofnarrenrolle in einer pluralistischen Gesellschaft
Professor Gerhard Tötschinger, TV-Regisseur 99

Sir, ich stehe vor der Tür und klopfe an
Sir Cliff Richard, Popsänger 107

„Hab so eine Sehnsucht, mich aufzuspüren"
Konstantin Wecker, Liedermacher 119

„Jott sei dank, et hät jeklapp!“
Isa Vermehren, Nonne 131

Wie sich ein lang ersehnter Traum erfüllte
Paddy Kelly, Pop- und Rocksänger 145

Durch die Hölle gegangen und im
Himmel angekommen
Johnny Cash, Folk-Legende 163

Mit Gott fang an, mit Schalk hör auf

Thomas Gottschalk, *TV-Moderator*

„Dies ist eine Premiere“, sagte die TV-Moderatorin Angelika Krüll in einer Live-Sendung zum 30-jährigen Jubiläum des Südwestfunks in Baden-Baden zu Thomas Gottschalk, der vom Bayrischen Rundfunk zugeschaltet war.

„Thomas, Sie haben Herrn Klempnauer noch nicht persönlich kennen gelernt und er Sie auch nicht“, fuhr Angelika Krüll fort.

Eigentlich sollte ich in dieser Fernsehsendung interviewt werden. Erst wenige Minuten vor Sendebeginn wurde das Konzept umgestellt. Als „Prominenten-Pfarrer“ sollte ich nun Gottschalk interviewen.

Unvorbereitet stand ich dem „Showmaster der Nation“ gegenüber, der von einer Großleinwand wohlwollend auf mich herabschaute.

„Muss ich jetzt ‚Herr Pfarrer‘ sagen oder ...?“, fragte er

etwas unsicher. Da er seine Mitmenschen am liebsten mit Vornamen anredet, sagte ich spontan:

„Ich heiße Günther mit Vornamen."

„Ich heiße Thomas", erwiderte der Entertainer.

„Thomas, wenn ich recht informiert bin, wollten Sie ursprünglich mal Pfarrer werden", begann ich unser Gespräch. „Ich bin das geworden, was Sie werden wollten. Warum haben Sie sich anders entschieden?"

„Bevor ich jetzt beichten muss, möchte ich erst einmal wissen, ob Sie katholisch oder evangelisch sind."

„Evangelisch", sagte ich.

„Evangelischer Pfarrer wäre ich vielleicht auch geworden, weil ich dann mit dem Zölibat keine Probleme hätte", gestand er und fügte hinzu: „In meinem Beruf habe ich durchaus auch Möglichkeiten, Menschen ein bisschen mitzureißen. Das ist ja, was ihr im Grunde am Sonntag in der Kirche auch versucht, aber ich habe ein paar Zuschauer mehr."

Nach geraumer Zeit führten wir unser Gespräch in Gottschalks mit Coca-Cola-Reklame ausgeschmücktem Münchener Arbeitszimmer weiter. Wir waren inzwischen zum Du übergegangen. Wer den beliebtesten Fernsehunterhalter Deutschlands persönlich kennen lernt, hat es schwer, ihn nicht zu mögen. Er gibt sich im Fernsehen nicht anders als hinter den Kulissen. Der große Blonde mit der Supernase beeindruckt durch seine verblüffende Ehrlichkeit, Schlagfertigkeit und durch Mutterwitz. Günther Jauch hat einmal gesagt, Gottschalk schaffe es im Bruchteil einer Sekunde, aus banalen Situationen einen Gag zu entwickeln.

Seine Ehefrau Thea schwärmt: „Thomas ist zu Hause noch unterhaltsamer als im Fernsehen. Es stört mich nicht, dass er dauernd ‚auf Sendung' ist, weil er mir kein Sparprogramm bietet und seinen Witz nicht an der Haustür abgibt." Seine Familie steht an erster Stelle: „Wenn sie unter meiner Berühmtheit zu leiden hätte", sagt er, „würde ich den ganzen Fernsehkram sofort hinschmeißen."

Sein Harmoniebedürfnis ist hinreichend bekannt. Gerne möchte er der Liebling aller sein und strebt nach oben: „Mir geht es wie ‚Bayern München'. Ich bin entweder Meister oder in der Krise. Und die Krise beginnt ab Platz zwei. So bin ich immer ein bisschen auf der Flucht vor mir selbst."

Die Atmosphäre während unseres Gespräches war wohltuend entspannt.

Ich kann dich auf den Weg stellen

Thomas, du hast ein katholisches Gymnasium besucht und nach dem Abitur Pädagogik und Germanistik mit Staatsexamen für das Lehramt studiert. Was erwartest du heute vom Religionsunterricht?

Im heutigen Religionsunterricht kann es weniger darum gehen, den brennenden Dornbusch oder den Auszug der Israeliten aus Ägypten zu interpretieren. Die Kids von heute erwarten berechtigterweise viel eher Antworten auf Lebensfragen, die sich ihnen jeden Tag stellen. Wenn der Religionsunterricht da helfend eingreift, halte ich ihn für sehr wichtig.

Dein Vater war Rechtsanwalt und starb an Krebs, als du zwölf Jahre alt warst. Er war ein praktizierender Christ, ein konservativer Mann mit Herzensbildung. Was hast du von ihm gelernt?

Ich zehre immer noch von dem, was er mir mitgegeben hat. Mein Vater hat mich früh daran gewöhnt, vor hohen Tieren nicht zurückzuzucken. Durch ihn habe ich gelernt, ohne Angst auf meine Mitmenschen zuzugehen. „Ich kann dich auf den Weg stellen, aber gehen musst du allein", hat er immer gesagt. Er lebte nach der Goldenen Regel der Bergpredigt: „Behandelt den anderen genau so, wie ihr selbst behandelt werden wollt."

Der Bruder deines Vaters war Priester und du lange Zeit sein Messdiener. Welchen Einfluss hat er auf dich gehabt?

Onkel Hans war mein Vorbild. Schon mit fünf Jahren saß ich auf seinem Schoß und habe mir biblische Geschichten angehört, wie zum Beispiel Jona im Walfisch saß und Samson seine Kraft verlor, weil Delila ihm im Schlaf die Locken abgeschnitten hat. Ich habe den Unterschied von Gut und Böse am Beispiel von Kain und Abel kennen gelernt. Die Kinder von heute müssen sich derweil mit Comic-Helden behelfen. Bis zu meinem 15. Lebensjahr wollte ich Priester mit römischem Kragen und wallendem Talar werden.

Ist dein Sohn Roman mit 15 Jahren auch noch so fromm gewesen wie du damals?
Als Roman 13 war, habe ich mit ihm darüber diskutiert, ob Jesus gelebt hat. Er hatte da seine Zweifel. Daraufhin habe ich zu ihm gesagt: „Wenn du schon nicht an Gott glaubst, kann ich nur hoffen, dass Gott wenigstens an dich glaubt."

Liebe deinen Nächsten wie dich selbst

Wie hältst du es heute mit der Religion?
Meine Frömmigkeit ist eine Folge der religiösen Erziehung in meinem Elternhaus und in der Verwandtschaft. Als 15-Jähriger hatte ich noch ein blindes Gottvertrauen. Aber als erwachsener Mensch ist es viel schwieriger, seine Frömmigkeit über die Runden zu retten denn als Kind.

Der katholische Theologe Hans Küng versucht in seinem Buch „Existiert Gott?", dem heutigen Menschen Denk- und Glaubenshilfen zu geben. Wie ich gehört habe, hast du seine Bücher gelesen. Was hältst du von ihm?
Hans Küng imponiert mir. Er ist relativ ehrlich und unterscheidet sich wohltuend von andern Geistlichen dadurch, dass er laienhafte, kritische Fragen stellt und gegen den Stachel verstaubter katholischer Dogmen löckt. Es bedrückt mich, dass die katholische Kirche ihn ins Abseits gestellt hat.

Theologieprofessor Küng, der sich für den Dialog mit den Weltreligionen einsetzt, betont immer wieder, dass es geradezu vernünftig sei, an Gott zu glauben. Teilst du diese Meinung?
Sicher. Als Humanist, der Griechisch gelernt und sich ein bisschen mit der Philosophie vertraut gemacht hat, bin ich der Meinung, es lohne sich, nach Idealen zu leben. Der Mensch braucht einen Orientierungsrahmen, sonst ist er mehr oder weniger verloren.

Vielleicht würde mir ein Atheist erklären, dass sich die wahre

Freiheit nicht durch die Zehn Gebote einengen lässt. Ich bin so frei, wie ich es sein möchte.

„Liebe deinen Nächsten wie dich selbst“ heißt die Maxime des Christentums. Für mich gibt es keine bessere Philosophie.

Weinen und Lachen haben ihre Zeit

In der Bibel steht neben dem Gebot der Nächstenliebe das Gebot der Gottesliebe, also das Doppelgebot der Liebe: „Du sollst Gott, deinen Herrn, lieben [...] Und auch deinen Mitmenschen sollst du so lieben wie dich selbst [...]“ (Lukas 10,27; Hoffnung für alle). Wie würdest du dein Glaubensverhältnis zu Gott beschreiben?
Gott bleibt mir ein bisschen unsichtbar, zu unsichtbar in unserer Zeit. Wenn er Herrn Gorbatschow seinerzeit für die Lösung des Ost-West-Konflikts und die Beseitigung des Eisernen Vorhangs kluge Gedanken eingegeben hätte, wäre ich ihm dafür dankbar gewesen. Aber warum lässt er das viele Unrecht in der Welt zu? Hier gibt es eine Menge Fragen, die natürlich von der Theologie immer irgendwie beantwortet werden.

Was mich betrifft, gibt es sicher keinen Grund, an Gott zu zweifeln. Ich habe eine gesunde Familie und mehr als ein gutes Einkommen, das gerade bei mir ja von einer gewissen Fähigkeit herkommt, die nicht erlernt, sondern gottgegeben ist. Dafür kann ich Gott nur danken.

Vor vier Wochen hat mir ein Zwölfjähriger, der unter der furchtbaren Erbkrankheit Mukoviszidose leidet, einen langen Brief geschrieben. Kurz darauf erhielt ich von seiner Krankenschwester die Todesnachricht. In solchen Fällen beginne ich, an Gottes Güte und Allmacht zu zweifeln, und die Weltgeschichte ist voll von solchen Schicksalen. Jetzt aber über die Theodizeefrage, warum Gott das Leid zulässt, zu diskutieren würde den zeitlichen Rahmen unseres Gespräches sprengen.

In der Kirche per Knopfdruck das Programm umschalten

„Alles, was auf der Erde geschieht, hat seine von Gott bestimmte Zeit“, steht im biblischen Buch Prediger (Prediger 3,1), „Weinen und Lachen, Wehklagen und Tanzen“ (Vers 4). Du stehst auf der Sonnenseite des Lebens und hast viel Grund zum Lachen. Martin Luther hat einmal gesagt: „Wenn Gott keinen Humor verstünde, möchte ich nicht im Himmel sein.“ Warum ist Gottes „Bodenpersonal“ deiner Meinung nach mit Humor nicht gerade reich gesegnet?

Meine Antwort ist sehr subjektiv. Wenn ich an meine Schulzeit denke, sind ausgerechnet die blassesten Klassenkameraden Pfarrer geworden. Die vielen Witzbolde und lustigen Kerle, die auch eine gewisse sittliche Reife hatten, haben andere Berufe ergriffen.

Die Erfahrung zeigt leider, dass die Christusbotschaft fröhlicher ist als ihre Boten. Die Fröhlichkeit lässt nach oben hin nach. Von Kardinälen hört man höchstens einmal, dass sie schmunzeln. Warum bringen die Pfarrer auf der Kanzel ihre gläubige Gemeinde nicht auch mal zum Lachen? In Amerika haben die Pfarrer wesentlich mehr Entertainerqualitäten.

In dem Buch „Der Name der Rose“ gibt es ein Kapitel, in dem darüber diskutiert wird, ob Jesus auf der Erde gelacht hat. Ich glaube sehr wohl, dass er gelacht und im positiven Sinne wohl auch einen Unterhaltungswert gehabt hat. Ich denke zum Beispiel an das Wunder der Brotvermehrung. Dabei gibt es nicht nur den Aspekt des Wunders, sondern auch den Tatbestand, dass Jesus einen ganzen Tag lang geredet hat, ohne dass ihm die Zuhörer wegliefen. Gute Unterhaltung ist, wenn keiner wegläuft. Man stelle sich vor, die Gottesdienstbesucher hätten bei einer Predigt die Möglichkeit, per Knopfdruck auf ein anderes Programm umzuschalten.

Viele Zeitgenossen in Europa sagen: Kirche nein, aber Jesus ja.

Ich muss da leider auch einen Unterschied machen. Jesus ist für mich eine faszinierende Gestalt. Gerade deshalb begreife ich nicht, warum so viele Menschen irgendwelchen asiatischen Gurus und Yogis nachlaufen oder Esoteriker werden.

Andere Leute lachen über die Beichte, aber legen sich beim Psychiater auf die Couch. Grufties lachen über Ordensschwestern und laufen genauso vermummt herum. Das ist unfair.

Deine Fernsehsendung „Wetten, dass ...?" ist seit Jahren die erfolgreichste Samstagabendshow Europas. Was willst du durch die Sendung bei deinen Zuschauern erreichen?
Mit meiner Show kann ich keine Menschen verbessern oder Probleme aus der Welt schaffen. Die Leute sollen sich in ihrem Sessel zurücklehnen, sich entkrampfen und herzhaft lachen. Wenn ein Ehepaar sich vorher gestritten hat, anschließend aber „Wetten, dass ...?" guckt und gemeinsam über den gleichen Blödsinn von mir lacht, wird es ihm hinterher vielleicht leichter fallen, sich ihren Problemen anders zu nähern.

Ich habe den Hauch des Herrn nicht gespürt

Wenn du samstagabends im Rampenlicht stehst, sitzen bis zu 16 Millionen Zuschauer vor dem Bildschirm. Wenn danach das „Wort zum Sonntag" gesendet wird, schauen noch nicht einmal mehr eine Million Menschen zu. Welche Tipps würdest du den Wort-zum-Sonntag-Sprechern geben?
Natürlich kann die Kirche keine Wetten aufführen und Gottschalk auf die Kanzel stellen.

Manchmal wirken diese Pfarrer auf mich aber ziemlich abgehoben. Alles, was da passiert, ist ein bisschen anders. Sie sitzen vor einer blauen Wand, bringen eine Semmel mit oder einen Telefonhörer und symbolisieren damit, wie sehr sie im Leben stehen.

Natürlich soll das Geistliche eine Rolle spielen, aber mehr aus dem konkreten Leben der Menschen heraus. Anstatt zu sagen: „Ich habe in der letzten Woche einen Menschen getroffen", wäre es zum Beispiel sinnvoller zu sagen: „Ich habe in der letzten Woche ‚Tatort' geguckt."

Es werden oft Erlebnisse gebracht, mit denen sich die Masse nicht identifizieren kann. Die Prediger geben sich immer ein bisschen zuversichtlicher und sprechen von der Zwiesprache mit ihrem Herrn. Sie spüren vielleicht den Hauch des Herrn und lassen die Zuschauer, die nichts spüren, allein.

Die wenigsten Pfarrer können andere mitreißen. Meiner Meinung nach wird die Frohe Botschaft oft zu trostlos vorgetragen. Die Gottesdienstbesucher müssen dem Pfarrer vorne am Altar abspüren, dass er mit sich und der Welt zufrieden ist. Der Verkündiger muss irgendetwas haben und irgendetwas glauben, was auf den anderen überspringt. Das teilt sich selten mit.

Die Christusbotschaft ist nicht nur eine denkerische, sondern vor allem eine existenzielle Wahrheit, das heißt, hier geht es um ein Vertrauensverhältnis zwischen Gott und Mensch, das mich in meiner Existenz berührt. Wer sich Gott anvertraut, erfährt seine Kraft.

Als mein Vater starb, war ich zwölf. Meine Mutter war sehr religiös, aber leichter ist es ihr auch nicht gefallen, mit seinem Tod fertig zu werden.

Ich war auch 12, als mein Vater starb. An seinem Grab ist meine Mutter Christin geworden. Den Anstoß zum Glauben bekam sie durch den Choral „So nimm denn meine Hände und führe mich ...“. Sie ist heute 92 Jahre alt und für mich nach wie vor ein Vorbild. Auf ihrem Krankenbett fühlt sie sich trotz mancher Krisen letztlich in Gott geborgen.

Schön für sie. Ich hoffe, dass ich das auch mal erleben darf. Ob sich diese Glaubenserfahrung für künftige Generationen noch hochrechnen lässt?

Wenn ich an die religiöse Erziehung meines Sohnes Roman denke, war es schwer, ihm solche christlichen Werte zu vermitteln. Er las lieber He-Man-Hefte als die Kinderbibel. Ich konnte mich als Kind noch für das Bild in meiner Kinderbibel begeistern, wo Jesus mit langen Haaren und einem wallenden Gewand zu sehen war. Für Saul und die Hethiter und die Schrift an der Wand. Das ist mir aus dieser Zeit noch vertraut.

Wenn ich als Ministrant bei der Abendmesse ministrierte, zog Weihrauchduft an den Kirchenfenstern hoch. Da hat sich irgendetwas bei mir festgesetzt. Man kann sagen, da ist so ein Urvertrauen, das ich meinem Kind gerne eingeimpft hätte.

Ghettodenken in Deutschland

Seit Jahren lebst du mit deiner Familie in den Vereinigten Staaten (Los Angeles). Sind die Gottesdienste dort anders als in Deutschland?
In Amerika geht alles viel lockerer zu. Du schüttelst dem Nachbarn die Hand. Da sitzt ein Pärchen, das sich umarmt. Kinder dürfen schreien. Das gehört eben zur Gemeinde. Hinterher begrüßt der Pfarrer alle Besucher beim Kaffeekränzchen.

In Deutschland ist der zuständige Pfarrer nie auf die Idee gekommen, uns mal zu besuchen. Ich hätte von ihm gerne mal gehört: „Gottschalk, ich habe dich in der Kirche noch nicht gesehen. Ich komm mal vorbei." Dann hätte auch meine protestantische Frau mal einen katholischen Pfarrer kennen gelernt. Die Brüder in Deutschland sind leider nicht flexibel. Das Aushängeschild der Kirche ist nun mal der Pfarrer.

In Deutschland ist Gott im gesellschaftlichen und politischen Leben tabu. Man spricht nicht über seinen Glauben. Da ist der Amerikaner auch flexibler. Persönlichkeiten des öffentlichen Lebens betonen immer wieder, wie wichtig für sie der Glaube an Gott ist.

Unlängst bedauerte es ein Bundespräsident mir gegenüber, dass er sich in der Öffentlichkeit leider nicht zur Gottesfrage äußern möchte. Warum eigentlich nicht?
In Deutschland herrscht ein gewisses Ghettodenken. Der Gottschalk hat sich gefälligst zu Schalk, aber nicht zu Gott zu äußern. Wenn ich jetzt anfangen würde, plötzlich fromm zu werden, hieße es: Spinnt der Gottschalk? Macht der jetzt auf konservativ? Will er jetzt beweisen, dass er ein guter Mensch ist? Wir werden einfach in ein bestimmtes Kästchen gesteckt. Das ist unser großes Problem.

Ich bin für die Abteilung „Heiterkeit" zuständig, nicht für die Abteilung „Gottesglaube". Würde ich jetzt anfangen, über Gott zu diskutieren, würden die Theologen mir Ahnungslosigkeit vorwerfen und die Witzbolde fühlten sich verscheißert.

Es wäre tatsächlich riskant. Die wenigen Konservativen würden sich freuen und die Masse ihr Unverständnis zum Ausdruck bringen. In den Massenmedien hieße es: „Peinlich, wie Gottschalk sich bemüht, sich in den christlichen Kreisen Punkte zu verschaffen." Wie auch immer, die Gefahr ist relativ groß, ins Zwielicht zu geraten.

Hoffnung über den Tod hinaus

Kaum jemand scheut sich, in Talkshows oder Büchern über den Intimbereich Sexualität zu sprechen. Sex ist nicht tabu, Gott hingegen schon, und das, obwohl das Bedürfnis, die Sinn- und Gottesfrage ins Gespräch zu bringen, eigentlich riesengroß ist. Wo liegt der Unterschied?
Zum Sexualgeschehen hat jeder Mensch jenseits der 16 und diesseits der 80 einen Bezug. Die Sexualerfahrung ist für jeden Menschen sehr viel konkreter und leichter als die Gotteserfahrung. Gott läuft mir nicht so schnell über den Weg.

Während der Wiener Psychologe Sigmund Freud den Sexualtrieb in den Mittelpunkt stellt, argumentiert sein Kollege Carl Gustav Jung, der so genannte religiöse Urtrieb sei für die über 40-Jährigen noch stärker. Wenn die Gottesfrage und damit die Hoffnung auf ein Weiterleben nach dem Tod positiv beantwortet würde, könne man von einem sinnerfüllten Leben sprechen. Viele Frustrationen und Aggressionen hängen doch mit dem Sinnlosigkeitsgefühl zusammen. Der Kultfilm „Das Leben des Brian" von Monty Python endet mit den Worten: „Du kommst aus dem Nichts, du gehst in das Nichts ... Ende der Fahnenstange." Dieser Nihilismus breitet sich immer mehr aus, weil der religiöse Urtrieb unbefriedigt bleibt.
Ich weiß nicht, wie man diesen destruktiven Trend aufhalten kann, denn die „No-future"-Haltung ist das Ende von allem.

Glaubst du an ein Leben nach dem Tod?
Sobald es ans Glauben geht, kannst du ja nur hoffen, dass es letztendlich weitergeht. Nein, ich glaube nicht an das dunkle Loch nach dem Tod. Aber es ist noch keiner zurückgekommen. Lieber möchte ich im Augenblick des Todes enttäuscht werden, als wie ein Atheist sein Leben lang an nichts geglaubt zu haben.

Mein Onkel Hans hatte eine Vorbildfunktion für mich. Der ka-

tholische Pfarrer ist mit 84 Jahren gestorben in der festen Überzeugung, das ewige Leben zu erwarten. Kann sein, dass er sich getäuscht hat.

Wenn ich am Ende die Augen zumache und merke, das große Licht bleibt aus, habe ich zumindest das Gefühl gehabt, nach lohnenswerten Maximen wie „Liebe deinen Nächsten wie dich selbst" gelebt zu haben. Jedenfalls kann mir kein Mensch deren Negativwirkung beweisen.

„Mit Gott fang an, mit Schalk hör auf", hat dein gläubiger Vater immer gesagt. Wie stehst du zu dem Schalk in dir?
Ich kann es mir leisten, mich selbst nicht ernst zu nehmen, weil ich weiß, dass ich nicht ernst genommen werde. Macht nicht was Großes aus dem, was ich treibe, denn es ist nichts Großes.

Es war, als tanzten die Engel

Hanne Haller, *Sängerin, Komponistin und Produzentin*

Im Frühjahr 2004 haben Sie Ihre erste Konzerttournee gemacht, obwohl Sie bereits seit mehr als 25 Jahren in der Musikbranche als Sängerin, Komponistin und Produzentin zum Establishment gehören. Wie kommt das?
Wie in Deutschland bekannt ist, habe ich viele Lieder geschrieben für Sänger und Schauspieler wie Milva, Jürgen Drews, Johannes Heesters, Karel Gott, Katja Ebstein, Catharina Valente, Cindy & Bert, Ingrid Peters, Roland Kaiser, Wolfgang Fiereck und viele andere. Da bleibt für eine Konzerttournee nicht viel Zeit übrig.

Im Übrigen drängte es mich bisher nicht so sehr, auf der Bühne stehen zu wollen. Aber jetzt liegt mir eine Botschaft am Herzen, die ich gern persönlich rüberbringen möchte. Deshalb habe ich mich zu dieser Tournee entschlossen.

„Mitten im Licht"

Die Besucher in den voll besetzten Konzerthallen unter anderem in Dresden, Leipzig, Hamburg und Berlin waren begeistert. Ihre Fans, die Sie von Fernsehshows, Grand-Prix–Ausscheidungen und zahlreichen Schallplatten sowie CDs kennen, haben diesmal teilweise ganz andere Lieder von Ihnen gehört als gewohnt. Auf Ihrer Tourneebühne haben Sie im ersten Teil Ihre altbekannten Hits vorgetragen wie „Weil du ein zärtlicher Mann bist", „Schatz, ich will ja nicht meckern" oder „Bratkartoffeln mit Spiegelei", also Schlager mit Herz und Schmerz. Aber nach der Konzertpause schlugen Sie eine neue Seite im Buch Ihrer Musik-Karriere auf. Sie sangen und kommentierten religiöse Lieder aus Ihrer neuen CD „Mitten im Licht". Wie kam diese Botschaft an?

Während der kompletten Tournee gab es in der zweiten Hälfte meiner Konzerte, in denen ich fast ausschließlich christliche Texte gesungen habe, stehende Ovationen. Ich bin der Überzeugung, dass die Menschen unserer Tage spüren, es bricht eine neue schwierige Zeit an. Die Suche nach innerem Halt und Orientierung sowie die Sehnsucht nach Sinn und Gott nimmt ständig zu. Höhepunkt war am Ende das „Vaterunser". Wenn die eigene Kraft zur Lebensbewältigung nicht mehr ausreicht, fangen viele Menschen an, über sich selbst hinauszufragen nach einem Gott, der größer ist als ihr verzagtes Herz.

Nach Ihrem letzten Konzert sprach ich einige Besucher an. Ein 62-jähriger Mann sagte mir, dass er vor zehn Wochen an Prostatakrebs operiert worden sei. Da sei eine Welt in ihm zusammengebrochen. Jetzt habe er durch Hanne Hallers Lieder wieder neuen Mut bekommen. Eine 42-jährige Frau war mit ihren 14- und 16-jährigen Töchtern gekommen. Sie berichtete mir, dass vor einem halben Jahr ihr zehnjähriger Sohn gestorben sei. Durch Ihre CD „Mitten im Licht" habe sie wieder beten können und sei deshalb ins Konzert gekommen. Was sagen Sie dazu?

Ich bin dankbar und freue mich über diesen Zuspruch. Das Publikum spürt wohl, dass ich persönlich hinter meiner Botschaft stehe. Sie kommt von Herzen und geht zu Herzen.

Erstaunlicherweise sind nicht nur suchende, sondern auch gläubige Menschen im Publikum, die dort neue Nahrung zur Bewältigung ihres Lebensalltags bekommen.

Normalerweise traut man mir eine solche Verkündigung gar nicht zu, denn meine Fans wussten bisher gar nicht, dass ich schon lange gläubig bin. Aber ich wurde auch nie danach gefragt. Deshalb ist der Überraschungseffekt umso größer, wenn ein Mensch, der mitten im Saft steht und von einer Showbühne mit Glitzer und Glamour kommt, dann solche religiösen Töne anstimmt.

Wir wollen uns im weiteren Verlauf unseres Gesprächs mit der zentralen Christusbotschaft in Verbindung mit Ihrer eigenen Lebens- und Glaubenserfahrung auseinander setzen.

Auf Ihrer neuen CD „Mitten im Licht" (2003 bei Ariola, München) gibt es dazu viele Anknüpfungspunkte. In Bezug auf diese christlichen Lieder haben Sie mal gesagt: „Jetzt kommt das raus, was immer schon in mir war." Warum kommt das jetzt erst so massiv heraus, was Sie eigentlich immer schon geglaubt haben?

Durch meine Krebserkrankung vor neun Jahren hatte ich mich aus der Öffentlichkeit vollkommen zurückgezogen. Wenn man die dunklen Täler durchschritten hat und mit neuer Kraft wieder den Gipfel erklimmt, kommt es zu einer Horizonterweiterung und neuen Sicht der Dinge. Man wird empfindsamer und spürt, was dringlich ist. Man ist bereiter und mutiger, das zu tun, was wichtig ist.

Es wurde mir bewusst und gewiss, dass ich zu diesem Zeitpunkt den Schritt in die Öffentlichkeit tun muss, denn diese Botschaft brennt mir auf der Seele.

Glaube, Liebe und Hoffnung

Ins Gästebuch Ihrer Homepage (www.hannehaller.de) schreibt eine junge Konzertbesucherin: „Jede Begegnung, die unsere Seele berührt, hinterlässt eine Spur, die nie ganz verweht. Dies empfinde ich, wenn ich deine Lieder höre."

Ich achte darauf, dass meine Lieder in den Alltag hineinpassen. Dabei bewegt mich die Frage, wo der Glaube in meinem Leben etwas bewirkt und verändert hat. Ich möchte wieder Vertrauen wecken und Menschen das Staunen lehren.

Der Psychoanalytiker Erich Fromm hat einmal gesagt, es gibt nicht nur die Logik des Verstandes, sondern auch die Logik des Herzens. Dazu gehören die Grundbefindlichkeiten Glaube, Liebe und Hoffnung.

Alle intakten Beziehungen sind ohne Glaube, Liebe und Hoffnung nicht möglich. Das gilt sowohl für zwischenmenschliche Beziehungen als auch für das Verhältnis zwischen Gott und Mensch.

In Ihren Songtexten kann man nicht immer eindeutig erkennen, ob Sie die Beziehung Mensch-Mensch oder Mensch-Gott meinen. Ist das gewollt?
Manchmal setze ich diese Zweideutigkeit bewusst ein, um den Hörern den Freiraum zu lassen, ob sie einen Menschen oder Gott als Beziehungswesen meinen. Wenn ich eine Beziehung zu Gott habe, gelingt mir eher auch eine intakte Beziehung zu meinem Mitmenschen. Wir können Gott nicht ohne den Menschen denken. Wir Menschen sind nach dem Bilde Gottes geschaffen. Jeder von uns ist ein einmaliger Gedanke Gottes. Die Biologen sagen uns, es gäbe keine einzige Schneeflocke, die der andern gleicht. So ist auch jeder Mensch ein Original in Gottes Hand.

Gott hat sich uns in Jesus Christus vorgestellt, um seine Beziehung zu uns zu intensivieren und zu bereinigen. Er ist das Ebenbild des unsichtbaren Gottes. Er ist für mich nicht nur Menschensohn, sondern auch Gottessohn.

„Gott ist mehr als der letzte Joker"

Viele Zeitgenossen haben kein Problem damit, Jesus Christus als einen guten Menschen anzusehen. Aber es fällt ihnen schwer, in ihm Gott oder ihren Erlöser zu sehen. Wie kommt das?
Bereits vor 2000 Jahren bezweifelten viele Menschen die Gottessohnschaft Jesu, obwohl die Juden sehnsüchtig auf ihren Messias gewartet haben, der sie zum Beispiel von der römischen Besat-

zungsmacht befreien sollte. Seinen Kritikern sagte Jesus: „Mein Reich ist nicht von dieser Welt." Damals wie heute sind Menschen für oder gegen Jesus. Erstaunlicherweise kann man Jesus gegenüber nicht gleichgültig bleiben.

Wie sind Sie dazu gekommen, in Jesus nicht nur eine geschichtliche Gestalt zu sehen, sondern auch Ihren persönlichen Erlöser?

Wenn Jesus nach dem Zeugnis des Neuen Testamentes wirklich Gottes Sohn ist, dann muss ich es auch heute noch im Glauben erfahren können. Mit einem bloßen Glaubensdogma würde ich mich nicht zufrieden geben.

Auch Physiker können keine Erkenntnisse gewinnen, wenn sie vorher nicht das Experiment des Glaubens wagen.

Mir hat der Atomphysiker Carl Friedrich von Weizsäcker mal gesagt, die naturwissenschaftliche Forschung könne nur durch Experimente zu neuen Erkenntnissen kommen: „Ich glaube, um zu erkennen." Im christlichen Glauben müsse man auch zunächst Christus und seiner Botschaft vertrauen, bevor man seine Wahrheit erkennt. Es geht also nicht ohne das Experiment des Glaubens.

Um einen Menschen kennen zu lernen, muss ich ihm erst einmal Vertrauen schenken. Sie lernen mich kennen, indem ich mich Ihnen mitteile. So wie wir Menschen miteinander ins Gespräch kommen, können wir auch mit Jesus Kontakt aufnehmen. Und dann geht mir ein Licht auf und mein Vertrauen wächst.

Es kommt aber auch auf das Motiv an, warum ich Jesus kennen lernen will. Im Neuen Testament lesen wir, dass zum Beispiel der Auferstandene sich nur Menschen offenbarte, die sich nach Erlösung sehnten und an ihn glaubten. Die andern gingen leer aus.

Schon vor 2000 Jahren bekannte der Apostel Petrus: „Wir haben geglaubt und erkannt, dass du bist Christus, der Sohn Gottes." Was bedeutet es für Sie heute, wenn Sie als Christ sich zu Christus bekennen?

Alles, was mich bewegt, Freude und Schmerz, kann ich mit ihm bereden. Meistens wendet man sich erst an Gott, wenn man nicht mehr weiterkommt. Man benutzt ihn sozusagen als letzten Joker.

Ich danke für alles, was ich bin und habe, auch für meine Karriere. Die einzelnen Glieder meiner Lebenskette hat mein Schöpfer und Erlöser zusammengefügt. Immer wenn ich etwas selbst machen will – mit dem Kopf durch die Wand – geht es schief. Aber wenn ich mich von Gott führen lasse, merke ich, wie ein Kettenglied in das andere greift. Und diese Lebens- und Glaubenskette trage ich wahnsinnig gerne. Ich glaube, um zu erkennen. Dieses Gottvertrauen zieht sich wie ein roter Faden durch mein Leben hindurch.

Für Sie gibt es ein Leben nach dem Tod, wenn Sie singen: „Du glaubst und ahnst es immer schon, dass Leben nach dem Tod kommt ... Leben ist ewig. Der Tod kann nicht töten. Die Angst vor ihm ist längst schon überholt ...“

Fragt der heutige Mensch wirklich noch über den Tod hinaus?

Je älter der Mensch wird, desto häufiger bedrängt ihn die Frage: Gibt es ein Leben nach dem Tod? Angesichts des Wahnsinns wird die Sinnfrage besonders aktuell: Woher komme ich? Wohin gehe ich? Wozu lebe ich? Von sich aus kann kein Mensch letztlich diese brennenden Fragen beantworten.

Wenn Jesus für mich die Auferstehung und das Leben ist, dann glaube ich auch an seine Abschiedsworte, in denen er zu seinen Jüngern in Bildern spricht, die wir Menschen verstehen können: „Im Hause meines Vaters sind viele Wohnungen, die für euch bereitstehen.“ Ich habe keine Zweifel dran. Warum sollte er uns belügen?

Der Schauspieler Sir Peter Ustinov sagte kurz vor seinem Tod, er habe keine Erwartungen ans Leben gestellt. Er lebe von Hoffnungen, die ihn immer lebendig gehalten haben. Aber er habe nie damit gerechnet, dass seine Hoffnungen erfüllt würden. Deshalb sei er oft angenehm überrascht worden, wenn es wider Erwarten geklappt hätte.

Hängen Ihre Hoffnungen mit Erwartungen zusammen?

Man hat natürlich seine speziellen Erwartungen. Aber meine Hoffnungen sind nie so in Erfüllung gegangen, wie ich es mir vorgestellt habe. Ich stand jedes Mal davor und war gespannt, wie

Gott auf meine Erwartungen eingehen und wie er meine Probleme lösen würde. Häufig wurden meine Erwartungen übertroffen, wenn ich sie an Gott knüpfte.

Ich möchte Ihnen ein Beispiel nennen. Als ich mich mit 13 Jahren in einer evangelisch-freikirchlichen Gemeinde taufen ließ, war ich so glücklich wie eine Hochzeitsbraut. Als ich abends ins Bett ging und alle Lichter im Haus gelöscht waren, hatte ich eine wirkliche Erscheinung: Engel tanzten voller Freude um einen siebenarmigen Leuchter herum. Alles hatte ich erwartet, nur das nicht. Ich war außer mir vor Glück und fragte mich, ob es wirklich wahr sei. So urplötzlich wie diese Vision gekommen war, so verschwand sie auch wieder. Für mich war es eine Bestätigung des Himmels, dass ich mich für Gott entschieden hatte.

Dieses unerwartete einmalige himmlische Erlebnis zieht sich bis heute durch mein Leben wie eine schützende Mauer mit einem Tor zur Ewigkeit.

Haben Sie solche Zeichen des Himmels später auch noch einmal erfahren?

Immer wieder. Auch in der Zeit nach meiner Krebsoperation, wo ich durch dunkle Stunden ging und auch manche Panikattacken durchstehen musste. Da konnte ich nicht einfach in die Wundertüte greifen und – zack, bumm – ist alles wieder in Ordnung.

In einer meiner depressiven Phasen setzte ich mich ans Klavier, auf dem immer die alte Bibel meiner Mutter liegt. Ich schrie zu Gott, er möge mir ein Zeichen seiner Liebe geben und schlug wahllos die Bibel auf. Ich las den 91. Psalm:

„Wer unter dem Schirm des Höchsten sitzt und unter dem Schatten des Allmächtigen bleibt, der spricht zu dem Herrn: Meine Zuversicht und meine Burg, mein Gott, auf den ich hoffe." Diese wunderbaren Worte berührten mein Herz und ich konnte mich erneut unter den Schutz Gottes stellen, egal, was kommt.

Wieder ein Geschenk, das meine Erwartungen weit überstieg.

Gott schließt eine Tür und öffnet ein Fenster

Auf Grund solcher beglückender Erfahrungen verstehe ich, wenn Sie singen: „Mach uns bereit, dass wir das Staunen wieder neu erlernen."

Vermutlich wären wir beide nicht mehr am Leben, wenn unsere Mütter auf der Flucht vor den Russen 1945 von Danzig über die Ostsee die „Gustloff“ bestiegen hätten, die später von sowjetischen U-Booten versenkt worden ist. Meine Mutter gab die begehrten Schiffskarten kurz vor der Abreise wieder zurück. Und Ihrer Mutter stellte sich ein Mann in den Weg, der sie davon abhielt, das Schiff zu besteigen. Im nächsten Augenblick war er spurlos verschwunden. Aber unser Leben ist nicht nur auf Rosen gebettet. Dabei denke ich auch an Ihre Krebserkrankung, die Sie inzwischen überwunden haben.

„Manchmal da schließt dir Gott eine Tür und öffnet ein Fenster dafür. Und manchmal da scheinst du den Weg zu verlier'n und findest ein neues Revier.“ Wenn Sie diesen Vers singen, steht Ihnen gewiss auch jener Augenblick vor Augen, als der Arzt die Krebsdiagnose stellte. Erinnern Sie sich noch an den Augenblick, als Sie anschließend allein waren?

Auf der Fahrt nach Hause überkam mich nach dem Schock eine unglaubliche innere Ruhe, obwohl mein Körper zitterte wie Espenlaub. Ich hörte mich sagen: „Lieber Gott, jetzt bist du dran. Ich werde es nicht alleine bewältigen können.“ Und er hat die richtigen Menschen zur richtigen Zeit und auch die passende Therapie geschickt. Diese Krankheit sollte nicht gleich als Todesurteil hingenommen werden. Dabei ist es wichtig, sich mit seinen eigenen Ängsten auch anderen Menschen anzuvertrauen.

Diese Erfahrung hat sich auch in meinem Lied niedergeschlagen: „Komm, wir fahr'n über'n Fluss auf die angstfreie Seite. Dort fasst du wieder Fuß und gehst getrost ... Komm, wir geh'n Hand in Hand durch das Lächeln der Tränen.“

Aus dieser Erfahrung erwuchs eine Spannung und zugleich eine Freude, wie Gott dieses Problem wohl lösen wird.

Inzwischen sind neun Jahre vergangen und ich freue mich über diese wunderbare Heilung. Meine Zukunft liegt in Gottes Hand, was immer er auch mit mir vorhat.

Glücksmomente bewusst erleben

Sie haben das soeben zitierte Lied überschrieben mit „Glückliche Zeit". Was ist für Sie Glück?
Dauerhaftes Glück gibt es nicht. Aber es gibt Glücksmomente. Oft hetzt der Mensch an solchen Glücksmomenten vorbei, ohne sie zu bemerken.

Solche Augenblicke des Glücks habe ich zum Beispiel nach meinen Konzerten erlebt, wenn Menschen mir in die Augen schauen und unsere Blicke sich treffen, ohne auch nur ein Wort zu sagen. Man versteht sich, fühlt sich verbunden und beschenkt sich gegenseitig.

Sie sind mehr als ein halbes Jahrhundert (Jahrgang 1950) durch diese Welt gegangen – über Höhen und durch Tiefen – und ein glücklicher Mensch geworden. Sie leben allein in Ihrem wunderschönen Haus mit Blick auf den Tegernsee und vor Ihnen steht ein bezaubernder Tulpenstrauß.
Es ist ein herrlicher Anblick, wenn die orangegelben Knospen sich entfalten und immer größer werden. Ich könnte da reinbeißen. Das ist für mich ein Glücksmoment, das ist für mich auch ein Ausdruck Gottes. Die Natur ist ein Ausdruck Gottes, jeder Mensch in seiner ganzen Vielfalt ist ein Ausdruck Gottes. Wenn ich mir das bewusst mache, werde ich auch mit Menschen anders umgehen und sie beglücken wollen.

Beglücken Sie uns am Ende dieses Gesprächs noch mit einem Mut machenden Gebet, das Ihnen persönlich viel bedeutet:

In Gottes Namen fang ich an.
Gott ist's, der mir helfen kann.
Wo Gott mir hilft, wird alles leicht
Wo Gott nicht hilft, wird nichts erreicht.
Drum ist das Beste, was ich kann:
In Gottes Namen fang ich an.

„Lieber Gott, wenn es dich gibt ..."

Peter Maffay, *Rocksänger und Produzent*

„Lieber Gott, ich frag mich oft nach dem Sinn", singt der 14-jährige Marlon gemeinsam mit Udo Lindenberg, Nena und Peter Maffay. „Lieber Gott, manchmal ist es wirklich schlimm und ich weiß nicht mehr, wohin. Und dann kommt es mir vor, dass die Welt in Trümmern liegt", heißt es weiter in dem Hit. „Bitte, sag mir den Grund ... Öffne mir die Augen."

Die Sehnsucht nach Gott und die Suche nach Liebe und Frieden lassen Peter Maffay bis heute nicht los.

„Tabaluga“ steht für Menschlichkeit und Freundschaft

Als erster Deutscher hat der Rocksänger am 7. April 2004 den Canto-Preis für sein Rockmusical „Tabaluga“ vom internationalen Verein „Il Canto del Mondo“ verliehen bekommen. Das musikalische Märchen um das Drachenkind Tabaluga, das mit Mut und Witz gegen das Böse kämpft, entstand 1983 aus der Phantasie von Peter Maffay. Tabalugas Botschaft von „Menschlichkeit und Freundschaft“ hat Jung und Alt bis heute bereits millionenfach erreicht.

Während der Sänger und Produzent 2003 in Berlin an seinem neuen Musical „Tabaluga und das verschenkte Glück“ arbeitete, setzten die Wehen seiner Ehefrau Tanja ein, und schon bald darauf hielt der 54-Jährige überglücklich seinen erstgeborenen Sohn in den Armen.

Als wir uns vor Jahren zum ersten Mal trafen, hatte der Kinderfreund gerade ein Waisenkind adoptiert und bis heute hat er so manches Hilfsprojekt für „Kinder in Not“ („Tabaluga-Hilfe“) ins Leben gerufen. Wie gern hätte er damals eigene Kinder gehabt! Sein heiß ersehnter Wunsch ist nach langer Zeit endlich Wirklichkeit geworden. Ein von Gott „verschenktes Glück“.

Ob der Rocksänger an sein melodramatisches Lied „Über sieben Brücken“ gedacht hat?

Manchmal geh ich meine Straße ohne Blick.
Manchmal wünsch ich mir mein Schaukelpferd zurück.
Manchmal bin ich ohne Rast und Ruh.
Manchmal schließ ich alle Türen nach mir zu ...

Nach der Aufzählung einer breiten Skala menschlicher Unzulänglichkeiten heißt es im Refrain:

Über sieben Brücken musst du gehn,
sieben dunkle Jahre überstehn.
Siebenmal wirst du die Asche sein.
Aber einmal auch der helle Schein.

„Personal Guest" bei den Rockkonzerten

Vor unserer ersten Begegnung überlegte ich auf der Autofahrt nach Köln, wie ich wohl die Kluft zwischen einem umjubelten Star und einem unbekannten evangelischen Theologen überbrücken könnte, um am Ende nicht die „Asche", sondern „der helle Schein" zu sein. Maffays Manager rief bei uns zu Hause an. Ich sei schon unterwegs, sagte meine Frau. Er wollte mich nur darauf aufmerksam machen, dass Peter Maffay, der erfolgreichste deutsche Rocksänger, mich schon nach wenigen Minuten im Regen stehen lasse könnte, wenn ihm das Gespräch nichts brächte.

In einem Kölner Hotel trafen David und Goliath aufeinander. Der Rocksänger in Lederklamotten musterte mich kritisch, und ich gab ihm zu verstehen, dass ich kein Streitgespräch führen wolle. Mein Wunsch sei lediglich eine Begegnung von Mensch zu Mensch, ohne Vorurteile und im gegenseitigen Respekt.

Nach einer halben Stunde duzten wir uns. Maffays Manager näherte sich. „Peter, die Zeit ist rum", sagte er leise.

Im Hintergrund standen die Musiker, die mit Peter in der benachbarten Kölner Sporthalle verabredungsgemäß für das abendliche Rockkonzert den Soundcheck machen mussten.

Der Rockstar winkte ab. Es würde mindestens noch 30 Minuten dauern, sagte er. Der Manager schaute mich vorwurfsvoll an.

Später versicherte er mir sichtlich erfreut: „Peter hat Vertrauen zu Ihnen gewonnen, und Sie können in Zukunft kommen, wann und wohin Sie wollen." So kam es im Laufe der Zeit schon zu interessanten Begegnungen. Während der Rockkonzerte kann ich mich als „Personal Guest", als persönlicher Gast von Peter Maffay, überall aufhalten, lerne seine Musiker und Freunde backstage kennen und habe die Gelegenheit, mit ihm zu reden.

Peter, was bedeutet dir Rockmusik?
Rockmusik ist ein Lebensgefühl, ein Medium, in dem man bestimmte Lebenshaltungen ausdrücken kann. Ich kann nicht malen und keine Gedichte schreiben. Außerdem dient mir die Mu-

sik als Brücke zur Verständigung mit anderen Menschen. Hier kann ich meine Gefühle, Ängste, Hoffnungen und Sehnsüchte artikulieren. Wer meine Musik gut findet, identifiziert sich mit meinem Lebensgefühl. Ich habe viele Fragen und wenig Antworten.

Als Rocksänger verausgabst du dich auf der Bühne oft bis zur totalen Erschöpfung. Dabei fallen mir Bilder aus Afrika ein, wo Buschmänner zu rhythmischen Klängen stundenlang singen und tanzen – bis zur Ekstase.
Wenn ich oben auf der Bühne stehe und ein schönes Gefühl habe, „fliege" ich halt manchmal mit der Musik und spiele meine Gitarre mit geschlossenen Augen. Dabei komme ich oft ziemlich nahe an die Grenzen meiner Empfindungen. Das gilt für positive wie für negative Gefühle. Ich lebe mich zwei Stunden lang auf der Bühne aus. Für mich hat Rockmusik etwas mit Unabhängigkeit und Rebellion zu tun.

Gerade junge Leute suchen sich ein Medium, das Aufmerksamkeit erregt, ihre Gedanken transportiert und ein Gemeinschaftsbewusstsein erzeugt. Das ist eben Rockmusik.

Der Friedenstraum darf niemals enden

In einem Song machst du den Enttäuschten und Hoffnungslosen wieder Mut: „War ein Weg nach vorn in eine neue Zeit, war ein Wort in aller Munde und das Wort hieß Menschlichkeit. War ein Lied, das hat allen neuen Mut und Kraft verliehn. War ein Land, wo die Erfüllung dieses Traums noch möglich schien." Wo war dieses Land?
Beim Singen dachte ich, dieses Land könnte Deutschland sein. Früher war es einmal ein Land voller Hoffnung. Ich bin in Rumänien aufgewachsen. Mein Vater stammt aus Ungarn und meine Mutter aus Siebenbürgen. Mit meinen Eltern habe ich bis 1963 in Kronstadt am Nordrand der Karpaten gelebt und erfahren, was es heißt, wenn Menschenrechte ständig missachtet werden.

Wir sind in die Bundesrepublik Deutschland ausgewandert und gastfreundlich aufgenommen worden. Wir lebten hier gut. Zuerst schien alles verheißungsvoll. Der Zweite Weltkrieg lag weit hinter uns, das Land war wieder aufgebaut und der wirtschaftliche Aufschwung in vollem Gange. Man glaubte an Frieden und Gerechtigkeit.

Und jetzt ist alles anders geworden. Das Schreckgespenst der Arbeitslosigkeit, der Umweltverschmutzung und der Kriege geht um. Mein Lied endet mit einem optimistischen Ausblick, mit einer Hoffnung: „Ich glaube, man kann vieles abwenden, wenn man wirklich will. Dieser Traum darf niemals sterben, sonst gehen wir alle kaputt."

Mit einer Harley Davidson in die Kirche

Gedämpftes wohltuendes Bühnenlicht, zur Meditation anregender getragener Rhyhtmus und melodisch einprägsame Klänge ließen eine andächtige Stimmung aufkommen. Peters Worte wirkten auf mich wie ein herzzerreißender Hilfeschrei: „Lieber Gott, wenn es dich gibt, zeig uns deine Macht." Einige Fans erhoben ihre Hände, andere zündeten Wunderkerzen an. Peter sang geradzu inbrünstig: „Wenn das Schweigen mich umgibt, wird ein Lied zum Gebet und ich warte so auf eine Antwort ..."

Die Konzertbesucher wurden permanent musikalischen Wechselduschen ausgesetzt. Harte, fetzige Klänge lösten melodisch sanfte ab.

Eben noch hatte „das Raubein mit dem weichen Herzen" glaubhaft seine Sehnsucht nach Gott dargestellt. Im nächsten Akt spielte er den coolen Draufgänger und ungezügelten Freiheitshelden. Beides gehört zu seinem widersprüchlichen Wesen.

„Born to be wild" („Geboren, um wild zu sein") donnerte es von der Bühne. Die Musiker zogen alle Register und Sekunden später ertönte dröhnendes Motorengeheul. Der Rocksänger steuerte mit nacktem Oberkörper seine schwere Harley Davidson „Wild Clide" auf die Bühnenbretter und brachte den „heißen Ofen" auf Hochtouren.

Neben mir in der Konzerthalle stand Maffays Arzt. „Ich war früher mal ein sehr gläubiger Katholik. Inzwischen bin ich gleichgültig geworden", sagte er. „Drei meiner Brüder waren Jesuiten. Einer ist tödlich verunglückt."

In dem Wissen, dass ich Theologe bin, beschwor er mich geradezu: „Die Kirche muss umdenken. Ihr müsst die Jugend dort abholen, wo sie ist. Schauen Sie sich mal die Zuschauer an, wie sie mitgehen – wie eine Meeresbrandung. Wie eine Dünung schlagen Peter die Wellen der Sympathie und des Verstehens entgegen. Ich bin kein Rockfan, aber schon seit vielen Jahren Peters Freund. Was er sagt und singt, meint er ehrlich. Das macht ihn so menschlich. Wie Peter müsst ihr eure Botschaft in der Kirche als Angebot Gottes und nicht als Druckmittel rüberbringen. Auch der suchende Mensch möchte eine freiwillige Entscheidung treffen. Niemand fühlt sich von Peters Message vergewaltigt oder überrumpelt. Und die aggressiven Rocker holt er nachher hinter die Bühne, wo seine schwere Maschine steht. Dann unterhält er sich mit ihnen.

Vielleicht sollten Sie auch mal mit einer Harley Davidson in die Kirche fahren."

„Die Natur ist für mich die größte Kirche"

Peter Maffay hat viele Facetten. Er kann auch sehr romantisch sein. Sehr ausgeprägt ist sein Harmoniebedürfnis zu seinen Mitmenschen, aber auch zur Natur.

Vor Jahren hast du mal gesungen: „Vater Himmel, Mutter Erde führen mich durch diese Welt, trösten mich, wenn sonst keiner zu mir hält." Wie meinst du das?
Die Natur ist für mich die größte Kirche und in ihr wird pausenlos eine Predigt gehalten. Wer mit offenen Augen die Natur betrachtet, kommt aus dem Staunen nicht mehr heraus. Ich habe die Antarktis, die um den Südpol liegenden Land- und Meeresgebiete bereist, bin wochenlang durch die eintönige Sandwüste der Sahara gefahren und wurde beeindruckt von den kanadischen Wäldern. Mich fasziniert die Vielfalt der Natur, die unglaubliche Schönheit der Pflanzen- und Tierwelt. Wenn man das alles beobachtet und in sich aufnimmt, kann man Gott sehr nahe sein. Hier findet laufend ein Gottesdienst statt.

Mich beeindruckt deine Phantasie und Ehrfurcht vor der Natur. Der Apostel Paulus schrieb vor 2000 Jahren an die christliche Gemeinde in Rom: „Weil Gott die Welt geschaffen hat, können die Menschen sein unsichtbares Wesen, seine ewige Macht und göttliche Majestät mit ihrem Verstand an seinen Schöpfungswerken wahrnehmen. Sie haben also keine Entschuldigung" (Römer 1,20). Die wunderbare Schöpfung spiegelt den Schöpfer wider, ersetzt ihn aber nicht.

Wenn ein Mensch sinnvoll leben will, braucht er meiner Meinung nach nicht nur ein harmonisches Verhältnis zu sich selbst, seinen Mitmenschen und der Natur, sondern vor allem auch zu dem Schöpfer all dessen.

Ich bin atheistisch erzogen worden und habe mir irgendwann die Frage gestellt: Woher bekommst du eigentlich die Kraft zum Leben? Außerhalb von mir muss es eine Kraftquelle geben, die Energien erzeugt und freisetzt. Diese Lebensenergie ist für mich Gott, an den ich glaube. Wenn ich das Gefühl habe, dass niemand mehr da ist, der mich versteht, dann gibt es immer noch eine Tür, die offen ist.

„Wenn es dich gibt, zeig uns deinen Weg"

Diese Situation kommt in deinem Lied „Lieber Gott" zum Ausdruck: „Wenn das Schweigen mich umgibt, wird ein Lied zum Gebet und ich warte so auf eine Antwort. Ich such das Licht, das die Flamme entfacht. Wer führt mich durch die dunkle Nacht?" Welche Erfahrung hast du mit diesem Lied gemacht?

Als dieses Lied herauskam, haben mir einige Schlaumeier vorgeworfen, jeder Interpret im Musikgeschäft würde nach geraumer Zeit zwangsläufig „auf die religiöse Schiene rutschen" – eine grauenhafte Formulierung –, so wie es auch Bob Dylan, Eric Clapton und John Lennon ergangen wäre.

Obwohl dieses Lied aus dem Rahmen fällt und meine Plattenfirma gegen eine Veröffentlichung war, habe ich meinen Kopf durchgesetzt, weil die Aussage für mich sehr wichtig ist.

Wenn wir dieses Lied vortragen, kommt es mir – so komisch es klingt – immer wie eine Andacht vor. Ich staune jedes Mal, wie intensiv die Konzertbesucher darauf eingehen. Wenn wir es gemeinsam singen, verschmelzen wir – die Musiker auf der Bühne und die Leute in der Halle – zu einer Gemeinschaft. Wir hängen wenigstens fünf Minuten lang einem bestimmten Gedanken sehr intensiv nach.

Ich will meinen Freunden mit diesem Lied ein Geschenk machen und freue mich über die herzlichen Reaktionen darauf. Auf meine Art versuche ich, darauf aufmerksam zu machen, dass es Gott gibt, auch wenn man gewisse Formen der Religionsausübung ablehnt und nicht in die Kirche geht.

Aber dieser Glaube an Gott erzeugt viel Bereitschaft, positiv miteinander umzugehen, aufeinander Rücksicht zu nehmen und verhärtete Verhaltensformen wieder abzulegen.

Ich bin kein geschulter Prediger und kann nicht sagen: „Freunde, es gibt Gott." Ich möchte es bescheidener formulieren: „Lieber Gott, wenn es dich gibt, zeig uns deinen Weg ..." Dann fühlt sich niemand manipuliert und jeder kann eine eigene Glaubensentscheidung treffen.

„Wer wirft den ersten Stein?"

Die Sehnsucht nach Gott bricht irgendwann in jedem Menschen auf, und dann möchte man mehr über ihn wissen, wie du es auch ausdrückst: „Brich dein Schweigen und lass uns nicht allein ..."
Die Bibel bezeugt, dass Gott sein Schweigen gebrochen und sich in der Person Jesus Christus vorgestellt hat.
Ich kann mir über Jesus kein Urteil bilden, weil ich mich in der Bibel nicht auskenne. Im Übrigen ist das biblische Wissen für mich unbedeutend, solange es nicht in die Tat umgesetzt wird.

Mich interessiert brennend, wie man Zuneigung, Harmonie und Liebe entwickeln kann, wenn man an Gott glaubt.

Genau diesen Aspekt berührt dein Lied „Wer wirft den ersten Stein?": „Verurteilt! Das ist oft sehr schnell geschehn, und viele schrein: ‚Er hat gesündigt! Steinigt ihn!'"

Diese Gedanken gehen auf eine biblische Geschichte zurück. Die heuchlerischen Pharisäer und Schriftgelehr-

ten wollten nach ihrem Gesetz eine Frau steinigen, die Ehebruch begangen hatte. Und Jesus sagte zu ihnen: „Wer von euch noch nie eine Sünde begangen hat, soll den ersten Stein auf sie werfen" (Johannes 8,7). So handelt Jesus nach seiner Devise „Mensch, ich meine es gut mit dir." Eindrucksvoller kann gegenseitige Zuneigung nicht ausgedrückt werden.

Der von dir verehrte Bob Dylan hat es nach seiner Bekehrung in einem Lied so ausgedrückt: „Da ist ein Mann am Kreuz und er ist für dich gekreuzigt. Glaube an seine Kraft, sie reicht aus, um bestehen zu können." Was sagen dir diese Worte?
Ich kann schon etwas damit anfangen. Jesus hat gelebt. Ich betrachte ihn mehr als eine historische Gestalt und weniger als eine Person, die für mich gekreuzigt worden ist. Aber ich bin nicht zu blind, um zu sehen, wie viele Menschen aus dem Glauben an Christus Kraft zum Leben und Überleben beziehen.

„Hinter jeder Tür steckt ein Geheimnis"

Du hast einmal gesungen: „In mir brennt die Neugier, alles zu entdecken, was ich noch nicht kenn."

„Hinter jeder Tür steckt ein Geheimnis", heißt es in einem anderen Lied. „Und dann viel später stehst du vor deiner letzten Tür. Doch was kommt dann? Dort kann die Ewigkeit und dort kann auch das Ende sein. Doch bist du bereit für den letzten Schritt, der bleibt?" Und wie lautet deine Antwort?
Für mich ist Gott existent und er ist auch die Triebfeder meines Lebens und meines musikalischen Schaffens – bis zum Ende meines Lebens.

Die komplett ausverkaufte Konzerttournee des Rocksängers Peter Maffay fand ihren Höhepunkt in der Frankfurter Festhalle. Wir trafen uns zum dritten Mal backstage und unterhielten uns in seiner Garderobe. Gegen Ende unseres angeregten Gesprächs klopfte es immer wieder an die Tür. Peter überhörte die Klopfzeichen, obwohl er längst auf der Bühne stehen sollte. Seine Manager vor der Tür wurden nervös und klopften immer energischer. Peter reagierte nicht darauf.

Mir fiel ein, dass Cliff Richard durch ein Wort Jesu aus der Bibel den Anstoß zum Glauben bekam: „Ich stehe vor der Tür und klopfe an! Wenn jemand meine Stimme hört und öffnet, werde ich bei ihm einkehren. Ich werde mit ihm das Mahl halten und er mit mir“ (Offenbarung 3,20).

„Warum gerade Christus?“, wollte Peter von mir wissen.

„Wer nimmt mir die Angst?“

Ich erinnerte den Rocksänger an seinen etwas älteren Song „Woran glaubst du? Welchem Herrn dienst du? Ist es der Teufel oder Gott, dem du dein Herz verschrieben hast?“ Im Refrain stellt Maffay drei Fragen, die er sich selbst nicht beantworten kann: „Wer erträgt mich, wenn ich mich selbst nicht ertragen kann? Wer verzeiht mir, wenn ich mir selbst nicht verzeihen kann? Wer nimmt mir die Angst, wenn ich mir selbst die Angst nicht nehmen kann?“

Unsere Zeit war längst abgelaufen, aber Peter wollte unbedingt eine kurze Antwort auf seine drei existenziellen Fragen wissen. Ich sagte: „Mein Glaube an Christus hilft mir, mich selbst anzunehmen, zu verzeihen und die Lebens- und Todesangst immer wieder zu überwinden; denn er ist für mich die personifizierte Liebe – ein Mensch, der durch seine Auferstehung den Tod besiegt hat.“

Der nachdenkliche Rockstar stand auf und betrat die grell erleuchtete Bühne der Frankfurter Festhalle, in der ihn 10.000 wartende Fans begeistert begrüßten.

Ein Jahr danach schrieb er sein Lied „Der Weg“: „Du bist die Liebe, die in mir wohnt. Ein König, der im Herzen thront. Ich kann dir im Zweifel noch vertraun und jeden Tag auf dich baun.“

„Meine heiligste Stunde in Posolera"

Dietmar Schönherr, *Schauspieler, Regisseur, Filmemacher und Buchautor*

„Wenn der Vorhang bei der letzten Vorstellung eines Theaterstücks fällt, ist alles für immer vorbei. Da bleiben vielleicht noch drei vergilbte Fotos irgendwo in der Schuhschachtel. Das ist alles", so sprach einst der Schauspieler Dietmar Schönherr.

Heute schaut der 78-jährige Österreicher (geboren am 17. Mai 1926) wohl mit großer Dankbarkeit in die jüngste Vergangenheit und zuversichtlich in die Zukunft. Als ich ihm 1986 erstmals begegnete, hatte er die ersten Schritte auf seinem neuen Lebensweg gemacht, von dem in diesem Gespräch auch die Rede sein soll.

„Wünsch dir was", hieß in den siebziger Jahren die erste Spielshow im deutschen Fernsehen mit einer Zuschauerquote von 66 Prozent, moderiert von Dietmar Schönherr und seiner dänischen Frau Vivi – beide sind auch heute immer noch ein glückliches Paar. Kurz darauf etablierte er sich als erster deutschsprachiger Talkmaster mit der Fernsehshow „Je später der Abend“ mit 30 Millionen Zuschauern.

Den Jahrhundertpreis erhielt der langjährige Schauspieler und Filmemacher 1999 für seine Kultfilmrolle als Commander McLane auf dem „Raumschiff Orion“, 34 Jahre nach seiner Premiere. Als der Siebzigjährige diese begehrte Trophäe, die Goldene Kamera, in Händen hielt und sich bei den Repräsentanten der Filmwelt bedankte, nutzte er diese Gelegenheit zu einem Gedenken an die von den Nazis ermordeten Dichter, Schauspieler und Regisseure. Für diese unvorhergesehene mutige Provokation und für sein Lebenswerk erhielt er später den „Heinz Galinski-Preis.“

*

„Es gibt nicht viele Menschen, die ihre Überzeugung so konsequent leben wie Dietmar Schönherr“, hat Bundeskanzler Gerhard Schröder anlässlich seines 75. Geburtstages gesagt.

Das Multitalent ist zeit seines Lebens gegen den Strom geschwommen, wenn es um Wahrheit und Gerechtigkeit ging. Ob als Schauspieler, Filmemacher, Regisseur, Buchautor oder Fernsehmoderator, nie hat er dem Volk nach dem Mund geredet, sondern das getan, was er für notwendig erachtete.

Als er Mitte der achtziger Jahre sein tragfähiges Lebensfundament gefunden hatte, verblasste in seinen Augen der vergängliche Ruhm seiner über hundert gedrehten Filme: „Jetzt spiele ich vor allem um des Geldes willen, das andern Menschen zugute kommen soll.“

Wie es zu dieser Lebenswende gekommen ist, darüber soll mein Gespräch mit ihm Aufschluss geben.

Es begann im Dschungel von Posolera

Wodurch ist es zu einem Sinneswandel in deiner bisherigen erfolgreichen Schauspielkarriere gekommen?
Begonnen hat alles Heiligabend 1984 mit einem ökumenischen Gottesdienst am Zaun in Mutlangen. Meine Frau Vivi musste damals zu ihren sehr kranken alten Eltern nach Dänemark fahren, und ich war allein. Wie sollte ich Weihnachten verbringen?

Spontan entschloss ich mich, mit 200 anderen Demonstranten in Mutlangen an der Blockade des amerikanischen Atomraketendepots teilzunehmen. Es war eiskalt. Wir feierten Gottesdienst. Ich fragte mich, ob unser Protest nicht irgendwie nur Selbstzweck sei, denn unser kleines Häuflein wurde von der großen Öffentlichkeit gar nicht wahrgenommen. War das nicht vergeudete Kraft? Doch ich wollte unbedingt etwas machen, was anderen Menschen wirklich zugute kommt.

Zu dieser Zeit tobte ein schrecklicher Bürgerkrieg in Nicaragua. Die sandinistische Befreiungsfront FSLN, bestehend aus Intellektuellen, Priestern, Bauern und Fabrikarbeitern, hatte 1979 ein verhasstes, menschenverachtendes System mit übermenschlicher Anstrengung hinweggefegt. Da die US-Regierung ein sozialistisches Regime als Nachbarn nicht dulden wollte, schürte sie das Feuer des Bürgerkrieges durch finanzielle Unterstützung der Contras im Kampf gegen die Sandinisten.

1982 hatte ich den Priester und Dichter Ernesto Cardenal kennen gelernt, der in dieser sandinistischen Revolutionsregierung Kulturminister war.

Durch mein Erlebnis in Mutlangen motiviert, brach ich Anfang des Jahres 1985 sechs Wochen aus meinem Terminkalender heraus und flog zu Ernesto Cardenal nach Nicaragua, um mit ihm über meine Stiftung Hilfe zur Selbsthilfe zu sprechen.

Der Priester besuchte mit mir das Dorf Posolera mitten im Kriegsgebiet im Norden des Landes. Es war eine Ansammlung von Erdlöchern mit Bretterverschlägen und vom Wind zerfetzter Plastikplanen, in denen ca. 75 Campesino-Familien mit 200 Kindern ohne Wasser und Strom hausten. Als Überlebende von drei schweren Angriffen der Contras waren diese Bauern hierher umgesiedelt worden. Einige Männer und Frauen waren militärisch ausgebildet, um die Gemeinschaft bei Angriffen zu verteidigen. Trotz ihrer Hilflosigkeit waren sie nicht ohne Hoffnung:

„Wir wollen etwas tun. Kannst du uns nicht helfen?", äußerten sie sich mit einer gewissen Skepsis, denn sie wussten nicht, ob wir es ehrlich mit ihnen meinten. Mit den Gringos, den weißen Herrenmenschen, hatten diese armen Bauern schlechte Erfahrungen gemacht.

Meine heiligste Stunde auf dem Kalvarienberg

Über deine erste Reise hast du Tagebuch geschrieben („Nicaragua, mi amor"). „Dieses Buch ist keine Liebeserklärung an die sandinistische Regierung, aber eine Liebeserklärung an die leidgeprüften Menschen", schrieb Franz Alt im Spiegel. Wie hast du die Campesinos in Posolera erlebt?
In diesem gefährlichen Kriegsgebiet haben mein Filmemacher und ich das Leben mit den Dorfbewohnern geteilt. In der Nacht zum Karfreitag (1985) hatten die Campesinos auf den steinigen Straßen zwölf Kreuzwegstationen mit fliederartigen Blüten und einem Kreuz errichtet. Aus Bananenstaudenblättern hatten sie auf einer Anhöhe eine Kapelle gebaut. Schließlich begann am Fuß des Kalvarienberges die Karfreitagsprozession. Hinter einem metergroßen Holzkreuz gingen die Gläubigen von einer Kreuzwegstation zur andern. Auf einem Transparent standen die Worte: „Seht das Kreuz, an das geschlagen wurde die Errettung der Welt."

Auf dem Kalvarienberg an der Kapelle angekommen, vernahmen die Gläubigen die Worte: „Wahrlich ihr Kleingläubigen, wenn ihr nur so viel Glauben habt wie ein Senfkorn, so werdet ihr zu diesem Berg sagen: Geh weg. Und er wird weggehen. Und nichts wird euch unmöglich sein."

Diese Prozession haben die Dorfbewohner ohne ihren Pfarrer organisiert und durchgeführt. Später gab es einen Gottesdienst im Freien. Dazwischen die Bewaffneten in Alarmbereitschaft. Der Pfarrer war ein Franziskanerpater aus Brasilien, der in der gleichen Armut lebte wie die Bauern. Obwohl es in Strömen goss, zog er sich eine Soutane über.

Was Dietmar Schönherr bei der Messfeier empfand, hat er in seinem Tagebuch festgehalten. Hier ein Auszug:

... und ich stehe da, als Naddio zur Wandlung bimmelt.
Und ich stehe da, als Osmar das Brot bricht.
Und ich stehe da, als Osmar den Leib des Herrn aus einem kleinen Plastikbecher fingert.
Und ich stehe da, als er das dunkelgelbe Blut in den Kelch schüttet ...
Und ich stehe da, als er den Kelch mit dem Blut des Herrn in den Gewitterhimmel von Posolera hebt.
Und ich stehe da, als der Padre uns segnet.
Und ich stehe da – und habe noch immer diese Worte in den Ohren: „Man muss Hoffnung haben."
Und ich sage dir im Vertrauen, dass es die heiligste Stunde war, die ich je erlebt habe.

Freiheit eines Christenmenschen

Wie zeigte sich die Kraft der Auferstehung bei diesen bedauernswerten Campesinos während des Bürgerkrieges?
Die Pfarrer, inspiriert von der Theologie der Befreiung, ermutigten ihre Gemeinden, ihre Rechte einzuklagen und dafür zu kämpfen.

Und wenn sie ihre im Bürgerkrieg gefallenen Brüder beerdigten, predigten sie: „Wollt ihr jetzt Trübsal blasen und vor lauter Verzweiflung nichts mehr anbauen? Dann haben eure Kinder plötzlich nichts mehr zu essen. Das Leben geht weiter."

Nach einem Angriff der Contras auf Posolera, bei dem 30 Leute getötet wurden, sagte ihr Pfarrer, der Franziskaner aus Brasilien: „Es ist wichtig, dass wir an die Gefallenen denken." Und während er ihre Namen aufrief, antwortete die Gemeinde nach jedem Namen „presente", das heißt, sie sind anwesend. Damit zeigten die Trauernden, dass sie von der Auferstehungshoffnung erfüllt waren. Und dann ließ der Pater sich einen Blecheimer mit Wasser geben und taufte sechs Kinder. In diesem Augenblick wurde der Tod ad absurdum geführt.

Das von ihnen geliebte Väterchen, wie sie ihn liebevoll nannten, war 30 Mal von den Contras gefangen genommen, verhört und gefoltert worden. Der schmächtige Gottesmann ist inzwischen an einer schweren Nierenkrankheit gestorben. Er hat mir viel beigebracht und mich eingeladen, diesen Weg auch irgendwie zu gehen.

Für deine spezielle Aufgabe hast du auch viel christliche Literatur gelesen. Welcher Theologe hat dich am meisten inspiriert?
Meinem Denken und Handeln kommt der evangelische Theologe Ernst Käsemann entgegen, der auch den Mächtigen dieser Welt misstraute und unter Berufung auf Gott die Freiheit eines Christenmenschen herausstellte, wenn er sagte: „Weil du diesen Herrn hast, brauchst du dich vor keinem andern Herrn zu beugen." Und das ist das Übermaß an Freiheit, was man in dieser Welt und in diesem Leben erreichen kann.

Ich bin dankbar und glücklich darüber, dass ich irgendetwas gemacht habe, was eine kleine Spur im Sand hinterlässt. Vielleicht wird der Wind sie verwehen. Das ist ganz egal. Es ist eben mehr als nur Liedchen singen und Texte sprechen und sich als Schauspieler präsentieren und wichtig machen.

Mörderische traumatische Erlebnisse

Ich werde an den amerikanischen Freiheitskämpfer Dr. Martin Luther King erinnert, der am Vorabend seiner Ermordung in einer Kirche in Memphis sagte: „Wie jedermann möchte ich gern lange leben. Aber darüber mache ich mir jetzt keine Sorgen. Ich will nur Gottes Willen tun. Und er hat mir gewährt, dass ich auf dem Berggipfel stehen und hinunterschauen durfte auf das verheißene Land. Ich fürchte keinen Menschen. Wenn ich einem Menschen zur Freiheit verhelfen durfte, war mein Leben nicht umsonst."

Hier tauchen Gedanken auf, die du vorher teilweise angesprochen hast. Als du das Hilfsprojekt Posolera voller Hoffnung ins Leben riefst, schriebst du am Ende deiner ersten abenteuerlichen Erkundigungsreise nach Nicaragua in dein Tagebuch: „Es ist weit auf den Gipfel. Der Weg wird mühsam sein, steinig, voller Gefahren. Aber man kann ihn erreichen, den Gipfel, Schritt für Schritt. Denn nichts wird unmöglich sein."

Damals hast du nicht – wie Martin Luther King – auf dem Gipfel gestanden. Bald darauf kam es zu einem entsetzlichen Absturz. Was war passiert?

Es war am 12. April 1986, als unser Dorf Posolera von den Contras angegriffen wurde. Zusammen mit vier andern deutschen Mitarbeitern war ich Zeuge dieses brutalen Überfalls. Neben mir starben fünf Campesinos. Wir Deutsche konnten nur um ein Haar dem Tod entrinnen. Das Ziel dieser feindlichen Operation, das Dorf dem Erdboden gleichzumachen, wurde deshalb nicht erreicht, weil seine Bewohner sich heldenhaft und mit letztem Einsatz verteidigt haben, schließlich lagen ihre Frauen und Kinder neben ihnen in den Löchern. Wie Säuglinge haben wir uns von den mutigen Männern verteidigen lassen.

Kannst du nach diesen mörderischen Angriffen immer noch Pazifist sein?

Ein unglaubliches Dilemma spielte sich in meinem Innern ab. Zum ersten Mal stellte ich meine pazifistische Grundhaltung, niemals jemand töten zu wollen, in Frage. Ist es eigentlich richtig, sich im Fall einer solch vehementen Gewalt passiv zu verhalten?

In diesem Chaos lagen Sterbende in meinen Armen, die an ihrem eigenen Blut erstickten. Eindrücke, die ein Westeuropäer überhaupt nicht verkraften kann. Wir Deutsche waren so geschockt, dass wir erst einmal das Dorf verlassen mussten. Unser Weggang löste wiederum bei den Dorfbewohnern einen Schock aus, weil sie sich von uns im Stich gelassen fühlten. Ob sie etwas falsch gemacht hätten, fragten sie uns.

Um wenigstens etwas zu tun, haben wir vor der internationalen Presse in Managua ausführlich darüber berichtet. Außerdem sind wir nach Europa geflogen, um die Nachrichtenmagazine Stern und Spiegel zu informieren.

In dem vollen Bewusstsein, welcher tödlichen Gefahr wir ausgesetzt waren, flogen wir jedoch eine Woche später wieder zurück. Unseren Ehefrauen sagten wir: „Wir kommen gerade aus der Hölle, aber wir müssen wieder zurück in die Hölle, weil das Schulgebäude fertig gestellt werden muss. Andernfalls wird es in einem Jahr eine Ruine sein. Und alle Arbeit war umsonst."

Anderthalb Jahre habe ich gebraucht, bis ich wieder ein fast normaler Mensch wurde. So lange hat mich das Ungeheuer in meiner Existenz beeinträchtigt. Immer wieder quälten mich die Fragen: Darf ich mich von andern Menschen verteidigen lassen?

Muss ich dort im Notfall zur Waffe greifen? Darf ich überhaupt wieder nach Nicaragua fliegen, wenn ich Waffengewalt ablehne?
Katholische Priester in El Salvador sagten uns, sie würden als erwachsene Männer mit der Waffe in der Hand Kinder gegen solche Angreifer wie die Contras verteidigen. Ein solches Vorgehen könnten sie mit ihrem christlichen Glauben vereinbaren.

Ich bin wieder hingefahren und habe mich nicht bewaffnet.

Wie haben sich die Campesinos gegenüber den gefangen genommenen Contras verhalten?
In Posolera gab es nach diesem schrecklichen Angriff, bei dem 30 Tote zu beklagen waren, am nächsten Tag drei Gefangene. Kaum 20-jährige Burschen wurden durch ein Spalier von Männern, Frauen und Kindern geführt. Ganz verschüchtert und voller Todesangst glaubten sie, jetzt umgebracht zu werden. Dann wurden sie in eine halb verfallene Hütte, dem alten Schulgebäude, gebracht, wo sie durch Blutlachen der soeben verstorbenen Opfer waten mussten. Hier wurden sie vom einrückenden Militär stundenlang verhört.

„Habt ihr denn nicht Hunger?", fragten die Frauen der Toten die ängstlichen Gefangenen. Und dann gaben sie ihnen eine Bohnensuppe zu essen. So praktizieren Christen Feindesliebe.

Was mache ich eigentlich hier?

Angesichts des Wahnsinns stellt der Mensch oft erst die Frage nach dem Sinn und nach Gott. Was bedeutet Glaube für dich?
Glaube, das ist Suche nach Gott. Suche nach sich selbst, Suche nach dem Sinn des Ganzen. Wozu ist das alles? Wozu bin ich auf der Welt? Was mache ich eigentlich hier? Wohin soll ich gehen? Was passiert am Tage meines Todes? Gibt es ein Leben nach dem Tod? Ich habe diesen Glaubensweg beschritten, bin aber noch nicht am Ziel.

Dann gleichst du dem Apostel Paulus, der an die Gemeinde in Philippi schrieb: „Nicht dass ich es schon ergriffen habe und vollkommen bin. Ich jage aber dem Ziel

nach, weil ich von Christus ergriffen bin ... dem Siegespreis der himmlischen Berufung."

Könnte man sagen, du bist auch von Christus ergriffen und jagst diesem Ziel nach?

Das tue ich. Jesus ist für mich jemand, der die Leute in ihrem Alltag mit scharfem Verstand und großen Emotionen beobachtet hat. Für jeden Menschen, der ihm begegnet, hat er die richtige Antwort.

Bei der Friedensbewegung bin ich ganz konkret zum ersten Mal auf Christen gestoßen, die richtig denken und anders waren als die oft oberflächlichen Theater-, Show- und Filmleute. Dabei denke ich an Walter Jens, Helmut Gollwitzer und Heinrich Böll. Wiederholt habe ich im Rahmen der Aktion Fasten für das Leben 25 Tage gefastet, was mir sehr gut getan hat. So bin ich dem Christentum immer näher gekommen.

„Ergriffen von Christus", was heißt das für dich?

Ich will jetzt nicht sentimentalisieren, aber es ist eine sehr starke Beziehung. Mehr möchte ich dazu nicht sagen, denn es lässt sich schwer beschreiben und jede Form von wirklichem Gottesglauben ist ja außerordentlich heikel. Es kann leicht als lächerlich hingestellt werden.

Ich habe ein sehr schlichtes Christusbild. Am wesentlichsten scheint mir sein Opfertod zu sein. Als Gottessohn kommt er auf diese Erde und sagt: Ich nehme euch Menschen jetzt die Sünden ab. Ohne Gottesliebe wäre ich zu meinem sozialen Engagement kaum fähig.

Christen werden manchmal auch mit Christus gekreuzigt, indem sie beschimpft und verachtet werden. Christen sollten sich offen zu Christus bekennen. Wer dieses Bekenntnis aber nur als politische Parole benutzt, sollte es lieber bleiben lassen.

Erzogen in katholischer Tradition als Edler von Schönleiten bist du 1926 in Innsbruck geboren. Dein Vater war ein liberal gesinnter General, der von Hitler nach Berlin versetzt wurde, wo du auch aufgewachsen bist. Wie hast du als junger Mann die Hitlerzeit erlebt?

Ich bin in einer erstarrten katholischen Tradition erzogen worden. Die Nazi-Propaganda hat mich in der Schule, im Jungvolk und beim Militär gründlich beharkt. Mit aller Brutalität des Fa-

schismus wurde das Christentum als Quatsch weggefegt. Wir haben gemacht, was uns befohlen wurde. Alles war auf Krieg programmiert.

Bereits 1941 warst du Pimpfenführer und bekamst von einem Ufa-Filmpropagandisten die Hauptrolle in dem Durchhaltefilm „Junge Adler" angeboten. Wie hast du dich verhalten?

Der Produktionsleiter machte mir klar, dass ich ihn nicht länger zum Narren halten könne und den Vertrag endlich unterschreiben sollte. Ich schaute ihn mir an und unterschrieb ihn sofort. Dann ging ich nach Hause und sagte zu meiner Mutter: „Ich verdiene jetzt mehr als Vater."

Nach dem Krieg fiel es mir unheimlich schwer, zum Glauben zurückzufinden, denn ich hatte das Gefühl, die Christen hätten ihren Glauben verraten. Ich hatte gesehen, wie mein Vater, der trotz seines Generalranges überhaupt kein militärischer Mensch war, nach dem Krieg an der Tatsache zerbrochen war, dass er sein Leben vergeudet hatte. Ich habe mir sehr gewünscht, dass er mir einmal erzählt, was er erlebt hat. Er hat es nie getan. Darüber war ich sehr traurig.

Hattest du in dieser Zeit Kontakt zu deiner Kirche?

Damals lebte ich in einer ländlichen Gemeinschaft. Die Leute taten, was sie wollten, ohne nach Gottes Geboten zu fragen. Am Sonntag rannten sie dann in die Kirche und beichteten ihre Sünden, um am nächsten Tag wieder ihr sündiges Leben weiterzuführen. Dieser bigotte Lebensstil war für mich als Beobachter unerträglich. Was sollte ich als Zwanzigjähriger damit anfangen? Und wenn ich dann in dieser kargen Nachkriegszeit die bombastischen Barockkirchen betrat, voller Prunk und Weihrauch, und mir manche bigotten Priester anschaute, die nicht gerade meinem Idealbild entsprachen und in vielen Bereichen nicht Maß halten konnten, war das nicht meine Welt.

Ich war ein Moralist, aber kein Feind der Kirche, auch wenn ich abseits stand und nur die leeren Kirchen besuchte, wenn alles still war. Aber Jesus Christus war für mich als junger Mensch immer die große Vision. Er stand immer unversehrt vor mir.

Der barmherzigen Samariter und die satten Zuschauer

Ich möchte dir ein Bild von dem Schweizer Maler Willy Fries vorstellen, der biblische Motive – wie hier das Gleichnis vom barmherzigen Samariter – in unsern Alltag hineinstellt. Es handelt sich um eine Unfallszene. Ein Verletzter liegt in seiner Blutlache und wird liebevoll von einem Helfer, dem barmherzigen Samariter, verbunden. Zuschauer haben sich eingefunden, deren egoistische innere Haltung der Maler darstellt.
Wie beurteilst du den Zuschauer im Vordergrund – ein modern gekleideter dynamischer Mann, der sich in seine Zeitung vertieft hat?
Sicher, der Schauspielerberuf ist in sich egoistisch. Ein wesentlicher Teil der Schauspielerei besteht darin, sich zu präsentieren, sich auszustellen. Da gibt es natürlich ungeheuer viele Facetten.

Man braucht ein gewisses Maß an Selbstliebe und persönlichem Ehrgeiz, um sich durchzusetzen, was ich bei manchen frommen Leuten vermisse, die nur von Nächstenliebe reden. Es heißt doch: „Du sollst deinen Nächsten lieben wie dich selbst."

Dieser Mann im Bild könnte gerade die Börsenberichte, aber auch fürchterliche Katastrophenmeldungen aus einem fernen Land lesen, worüber er sich vielleicht furchtbar aufregt. Aber er sieht nicht das Leid, das Unglück in seiner unmittelbaren Umgebung.

Und wie deutest du den Priester, der sein Brevier liest, und das junge Mädchen, das vielleicht unterwegs zum Gottesdienst ist? Oder die arrogante Dame, die nur ihr schickes Kostüm ausstellt, aber keinen Blick für den Verletzten hat?
Eine solche Szene habe ich in der indischen Stadt Bombay selbst miterlebt, wo eine tote Frau auf der Straße lag. Der tropische Regen prasselte auf den Bürgersteig und Wasser lief aus dem Mund der Toten wie aus einer Quelle. Alle Passanten stiegen über die Tote hinweg oder gingen an ihr vorbei. Bei uns ist es letztlich nicht anders. Populistische Politiker denken doch nur noch an das Wirtschaftswachstum. Und in der Wirtschaft gilt nur der

materielle Erfolg. Geld ansammeln und ein sinnentleertes Vermehren.

Ich glaube, der Materialismus hat unsere Seelen aufgefressen, besonders jene Menschen, die dem Mammon verfallen sind.

Im Bild gesprochen: Wie kann aus einem egoistischen, seelenlosen Zuschauer ein mitleidender Helfer werden, der an dem Hilfsbedürftigen nicht vorbeigeht?

Man sollte es zulassen, von solchen Ereignissen betroffen zu werden. Die Zuschauer hier sind nicht betroffen.

Wir müssen uns auf die Not anderer Menschen einlassen: Das geht mich etwas an, wenn es einem andern schlecht geht, ob es eine Krankheit, ein Unfall oder ein Trennungsschmerz ist.

Ich habe so etwas schon einmal selbst erlebt. Ein Schauspieler, mit dem ich wochenlang gearbeitet hatte, hatte immer mal wieder andeutungsweise über seine Sorgen und Probleme gesprochen. Aber wir sind nicht auf ihn eingegangen. Und dann hat er sich umgebracht. Nachher haben wir gesagt: „Wahrscheinlich hätten wir ihm helfen können, wenn wir auf ihn zugegangen wären und gesagt hätten: ‚Komm, wir setzen uns mal zusammen. Erzähl mir doch mal deine Probleme. Vielleicht kann ich dir helfen.'"

Man bekommt alles hundertfach zurückbezahlt

Warum scheuen wir uns oft vor solchen Hilfestellungen?

Weil wir alles Negative von uns wegschieben. Wir wissen ja, dass es auf dieser Welt Hunger, Elend und Krieg gibt. Wir wissen, dass Menschen aus Profitgier die Natur ausbeuten und so weiter. Und dann sagen wir: „Ich kann sowieso nichts dagegen tun." Aber im Kleinen kann jeder sehr wohl etwas dagegen tun.

Du hast dich auf die Not anderer Menschen eingelassen. Was hast du davon?

Ich habe unendlich viel davon. Modern ausgedrückt spricht man vom Feedback. Was immer ich an Gefühlen, Liebe, Hilfe und Rat gebe, kommt alles hundertfach auf mich zurück. Man bekommt es mit Zins und Zinseszins zurückgezahlt und zwar ganz effektiv. Es ist eine unendliche Bereicherung. Man kann eigentlich überhaupt nicht von einem Opfer sprechen – weder finanziell, körperlich noch seelisch.

Auf unserem Bild von Willy Fries stehen die Zuschauer als attraktive Typen im Vordergrund, während der Helfer unscheinbar, wenngleich auch sympathisch dargestellt wird. Wie kommt es, dass helfende Menschen in unserer Gesellschaft am Rande stehen und nicht im Rampenlicht der Öffentlichkeit?
Weil wir alles am äußeren Erfolg messen. Wer auf der Karriereleiter aufsteigt, wer Abteilungsleiter oder Direktor geworden ist, ist in, und wer unten bleibt, ist out.

Und wer sich nur vom äußeren Erscheinungsbild blenden lässt im Sinne von „Kleider machen Leute", weiß nicht, worauf es wirklich ankommt. Mit Geld kann man sich vieles kaufen, aber kein Glück.

In den Seligpreisungen oder Glücksverheißungen der Bergpredigt sagt Jesus unter anderem: „Glückselig sind die Barmherzigen, denn sie sollen Barmherzigkeit erlangen" (Matthäus 5,7). Was bedeutet für dich Glück?
Glück heißt für mich, in sich selbst und in Gott zu ruhen, das Gefühl einer gewissen Sinnhaftigkeit. Oder besser ausgedrückt: Ich bin nicht ganz umsonst auf dieser Welt, sondern hierher geschickt worden, um meinen Auftrag so gut wie möglich auszuführen. Davon verspreche ich mir weder die ewige Seligkeit noch irgendwelche Belohnungen. Ich tue es, weil es mir aufgetragen ist und ich es machen muss.

Posolera ist gestorben

Dietmar Schönherr hat seiner ersten Liebe, der Entwicklungshilfe für das Dorf Posolera, die Treue gehalten und ist immer wieder dorthin gefahren.

Was ist von Posolera geblieben? Jahrelang hat der prominente Entwicklungshelfer selbst Hand angelegt. Gemeinsam mit den Bauern und hilfswilligen Europäern hat er von den Spendengeldern der Schönherr-Stiftung 75 Hütten mit Strom und Wasseranschluss gebaut. Die neu errichtete

Schule, ein Kindergarten und ein Gesundheitsposten, ein Lagerhaus und zwei Produktionsstätten wurden innerhalb von 44 Monaten errichtet. Die Campesinos waren in der Lage, durch landwirtschaftliche Tätigkeit mehr als ihren Eigenbedarf zu decken.

Nach Ende des Bürgerkrieges verfiel das Dorf wieder. Trotz seiner Enttäuschung reagierte der Schauspieler beim Anblick des heutigen Posolera gelassen: „In meinem Alter ist man daran gewöhnt, mit Niederlagen zu leben. Ich würde es wieder tun." Und die letzten Dorfbewohner erinnern sich gern an das große Wunder, das der weiße Mann aus Europa seinerzeit vollbracht hat.

„Haus der drei Welten" in Granada

Geblieben und gewachsen ist das von Dietmar Schönherr und Ernesto Cardenal bereits 1986 gegründete Casa de tres Mundos (Haus der drei Welten). Im Herzen der nicaraguanischen Stadt Granada kauften die Initiatoren einen verfallen Kolonialbau, der innerhalb eines Jahrzehnts für eine Million Euro restauriert wurde. Ziel war Austausch und Förderung Kulturschaffender und der kreativen Kräfte der heimischen Bevölkerung sowie die musische Arbeit mit sozial benachteiligten Kindern.

Das aktive Kultur- und Bürgerzentrum, eines der schönsten Kultureinrichtungen Mittelamerikas, erfreut sich nationaler und internationaler Beliebtheit. Einer der ersten ausländischen Staatsgäste war der frühere deutsche Bundespräsident Roman Herzog.

Mit seinen Spendengeldern – inzwischen sind viele Millionen Euro geflossen – unterstützt Dietmar Schönherr außerdem die unzähligen Straßenkinder in den großen Städten wie Managua. Gemeinsam mit Sozialarbeitern diskutiert er, wie ihre Alphabetisierungsprogramme und handwerklichen Ausbildungen finanziert werden können.

„Ich bewundere es sehr", sagte der ehemalige Kulturminister des Landes und Literaturpreisträger Ernesto Cardenal, „dass Dietmar Schönherr, der in Deutschland durch Fernsehen, Film und Radio so bekannt ist, seine Zeit und sein Geld opfert und sich so sehr für die Armen in unserem Land einsetzt."

Der heute 78-jährige Österrreicher ist immer noch voller Dynamik und Schaffenskraft. Zuletzt kreuzten sich unsere Wege auf dem 1. Ökumenischen Kirchentag in Berlin 2003, wo er als 1. Vorsitzender seiner Stiftung Pan y Arte e.V. (Brot und Kunst) im Rahmen der Veranstaltung „Solidarität mit Menschen in Nicaragua" für sein Lebenswerk geehrt wurde.

„Ich begrüße dich, Herr Jesus Christus"

Ich wurde an den Kirchentag 1987 erinnert, wo der damals 61-jährige Schauspieler seine erste Predigt gehalten hat. Für mich ein unvergessliches Erlebnis und ein Vermächtnis für sein sinnerfülltes Leben im unermüdlichen Einsatz für die Armen in Nicaragua und anderswo.

Seinen Predigttext hat er mir zugeschickt. Ich glaube, diese Ansprache hat Dietmar Schönherr emotional mehr berührt als die Verleihung der von Künstlern so begehrten Goldenen Kamera. Aus seiner Kirchentagspredigt habe ich einige Gedanken herausgegriffen:

Liebe Freunde in Christo, Schwestern und Brüder, Leidensgenossen in einer Welt der Habsucht und Profitgier, in der uns die Liebe abhanden gekommen ist ...

Ich begrüße dich, Herr Jesus Christus, in unserer Mitte ... Ich hoffe, dass du Freude an uns hast in dieser Halle ...

Du hättest zu uns kommen können, strahlend auf einer weißen Wolke thronend ... du bist auf diesem Kirchentag ganz anders zu uns gekommen, klein, von Schmerzen gebeugt, der Ecce Homo. Du stehst da, mitten unter uns, in deinem ärmlichen Purpurmantel, dein Haupt blutet unter deiner Dornenkrone.

Und wenn ihr ganz still seid, könnt ihr in der Ferne das Spottgeschrei des Pöbels hören. Und wir hören die Stimme des Pilatus, der sagt: Seht, welch ein Mensch.

Und da brüllen sie schon: „Kreuziget ihn!" ... Und um die dritte Stunde nageln sie dich ans Kreuz.

Und seither schlagen sie dich ans Kreuz. In Gestalt der Unterdrückten, der Entrechteten, der Gefolterten ..., der Kinder und

Frauen, die in Kerkern gepeinigt werden oder an Hunger sterben ...

Was ist zu tun in dieser Stunde, da unser Glaube seinen Biss verloren zu haben scheint, da das Salz der Erde schal geworden ist, seinen Geschmack verloren hat – womit soll man nun salzen?

Schaut mich an. Hier stehe ich, ein alter Mann, dem Tod so nahe, dass er seine Schrecken verloren hat ... kein bisschen weiser und klüger als ihr, nur älter und daher durch viele Niederlagen gegangen, und ich sage euch: ... Wir müssen diese Botschaft so radikal leben, wie sie uns aufgetragen ist ...

Wir dürfen es uns nicht gefallen lassen, dass dieser blaue Planet, Gottes Erde, unsere Erde ... durch Profitgier unbewohnbar gemacht wird.

Ich bin nach Nicaragua aufgebrochen. Ich wollte armen Menschen helfen ... Ich bin aufgebrochen in der vermessenen, aber auch ganz naiven Absicht, Gott zu suchen ... Mir ging es wie den Fischen – im Gleichnis –, die auszogen, dass man ihnen das Wasser zeige. Und ich bekam wie sie die Antwort: Im Wasser lebt ihr und bewegt ihr euch, aus dem Wasser kommt ihr, zum Wasser kehrt ihr zurück. Ihr lebt im Wasser, aber ihr wisst es nicht. In gleicher Weise lebt ihr in Gott, und doch bittet ihr, zeige uns Gott ... Und auf einmal war er mir ganz nahe, mit jedem Tag mehr ...

Er war da im fragenden Auge eines Kindes, im glitzernden Absturz einer Sternschnuppe, am Raketenzaun in Mutlangen ... Aber begriffen habe ich es erst, als ich den sterbenden Campesino im Arm hielt, als bei der Totenmesse für die Ermordeten im Dorf sechs Kinder in dem Blecheimer getauft wurden, als die gefangenen Contras durch die Blutlachen der von ihnen ermordeten Männer gingen und als die Frauen ihnen zu essen gaben ...

Ich bin sechs Jahrzehnte meines Lebens gegangen ... und gehöre zu jener Generation, die das verkrüppelte Kreuz (Hakenkreuz) angebetet und Auschwitz möglich gemacht hat ...

Wir haben den Samen gelegt für Hiroshima, wir sind die Konstrukteure dieser desolaten Welt, aus tausend Wunden blutend, vergiftet, verseucht, ausgeplündert, einzig und allein orientiert an materiellen Werten ... einer Welt ohne Liebe, ohne Menschenliebe, von Gott abgewandt, krampfhaft die Augen verschließend, die Ohren verstopfend, damit wir ihn bloß nicht sehen müssen, den gepeinigten Menschensohn unter der Dornenkrone ...

Ist es möglich, im Bewusstsein dieses Versagens, im Angesicht des von uns geduldeten Unrechts, ist es da noch möglich, eine Predigt zu halten?

Ich habe es versucht. Es war, glaube ich, das Schwerste, was ich je versucht habe, immer wieder an die Grenzen meiner Unzulänglichkeit, an die Mauern der Kleingläubigkeit stoßend ... verzeiht mir, wenn ich es nicht besser konnte.

Heißt das nun Aufgabe, Resignation, Kapitulation?

Nein, meine Freunde, ganz im Gegenteil. Das heißt: die Grenzen erkennen, über sie hinauszuwachsen versuchen, es besser machen ab heute ...

Weiterkämpfen, stärker kämpfen, ihm vertrauen ... Wie die alte Campesino-Frau im Angesicht von Tod, Zerstörung, Schrecken, Blut und Elend sagte: „Man muss Hoffnung haben." ...

Freiheit erringen – nicht im Sinne des Aufrechterhaltens unserer Privilegien. Freiheit, so grenzenlos, wie sie im Evangelium verheißen ist:

Weil du diesen Herrn hast, kannst du allen Herren widerstehen, auch wenn du sterben musst. Amen.

„Amazing grace", bevor der Vorhang fällt

Corinna May, *Schlager-, Soul- und Jazz-Sängerin*

Dreimal hatte Corinna May den Grand Prix als schillerndes Glück vor Augen. Und jedes Mal zerplatzte der Traum der blinden Sängerin.

Millionen TV-Zuschauer hatten Corinna May mit ihrem Lied „Hör den Kindern einfach zu" als deutsche Repräsentantin für den wichtigsten Musikwettbewerb Europas gewählt. Im März 1999, kurz vor dem Grand Prix d'Eurovision de la Chanson in Jerusalem, brach für Corinna und ihre Fans eine Welt zusammen, als sie nachträglich disqualifiziert wurde, weil ohne ihr Wissen das Lied schon einmal von einem anderen Interpreten veröffentlicht worden war.

Ein Jahr später (2000) belegte die Gospel- und Jazzsängerin bei der deutschen Vorentscheidung zum Grand Prix mit ihrem Lied „I believe in God“ den zweiten Platz hinter Stefan Raab.

In ihrem dritten Anlauf schließlich präsentierte die Ausnahmesängerin im Jahr 2002 ihren Titel „I Can't Live Without Music“ und wurde damit Siegerin beim Vorentscheid und vertrat Deutschland beim Grand Prix d'Eurovision de la Chanson in Tallin (Estland) am 25. Mai 2002. Leider landete ihr Song auf den hinteren Rängen.

Blindes Vertrauen

Zwei Jahre sind nun seit dem Grand Prix d'Eurovision-Auftritt in Tallin vergangen. Ich frage die 33-jährige Künstlerin:

Wer hat Sie in dieser Frustrationsphase aufgefangen?
Als ich mir meine enttäuschten Fans vorstellte, dachte ich, die können dich jetzt alle nicht mehr leiden und finden dich total doof. So ist es halt im Leben. Was soll man da machen?

Glücklicherweise war meine Familie für mich da. Meine Schwester ist meine engste Vertraute. Und meine langjährigen Freunde mochten mich nachher noch genauso gut leiden wie vorher. Sie lieben mich nicht um meines Erfolges, sondern um meiner selbst willen, unabhängig davon, ob ich nun singen kann oder nicht. Ich kann mich blind auf sie verlassen und verbringe auch meine Freizeit mit ihnen.

Sie sind von Geburt an blind und haben Ihr Leben als Single bisher bestens gemeistert. Vor Ihrer Karriere als Sängerin waren Sie Diplom-Masseurin und medizinische Bademeisterin. Wann haben Sie Ihr musikalisches Talent entdeckt?
Als Kind habe ich im Schulchor gesungen und war dort eine von 30 Sängerinnen, jedoch unter ferner liefen. Als wir unsere erste CD aufnahmen, wünschte ich mir richtig gut singen zu können. Meine Stimme entdeckte ich dann auch erst als 19-Jährige in einem Gospelchor, in dem meine Schwester schon vor mir mitgesungen hat. Von da an entwickelte sich meine musikalische Beschäftigung schnell weiter und ich trat bald darauf mit einer Big

Band und einem Jazz-Trio auf. In den darauf folgenden Jahren habe ich an 13 Talentwettbewerben teilgenommen und meinen ersten Plattenvertrag schloss ich mit Polydor ab.

(Anm. d. Autoren: Ihre letzte CD „I can't live without Music" hat Corinna May 2002 im Jupiter Records Verlag herausgebracht.)

Das Beste aus seinem Leben machen

Bis heute haben Sie mit Ihrer Band etliche Live-Konzerte gegeben und verfügen über ein Repertoire von über 250 Titeln aus den Bereichen Pop, Swing, Jazz, Gospel und Rock. Was motiviert Sie?

Ich weiß, dass Gott mir eine Stimme geschenkt hat. Und er hat sich gewiss etwas dabei gedacht, dass ich nicht nur in der Badewanne singen soll. Ich will mein Talent nicht vergraben, sondern das Beste daraus machen. Dabei habe ich die Erfahrung gemacht, dass ich Menschen mit meinem Gesang innerlich berühren kann. Das ist meine größte Motivation, anderen Menschen und damit auch mir selbst eine Freude zu machen.

Ich liebe es, auf der Bühne zu singen und erspüre sehr genau die Stimmung des Publikums, ob es sich langweilt, abweisend oder ergriffen ist und sich mit meinem Gesang identifiziert. Für mich ist es das schönste Geschenk, wenn Menschen nach dem Konzert zu mir kommen und innerlich berührt sind oder sogar vor Dankbarkeit weinen.

Wenn das Rote Meer sich teilt

Ihre kraftvolle und ausdrucksstarke Stimme wird oft verglichen mit der Gesangsdarbietung von Whitney Houston. Ihr Lieblingssong stammt auch von der amerikanischen Sängerin: „I love the Lord. He hears my cry." Sinngemäß übersetzt: „Ich liebe den Herrn, weil er mein Schreien hört." Ist das gleichzeitig auch Ihr Glaubensbekenntnis?

In guten Zeiten danke ich Jesus. Und ich rufe ihn auch in der Not an. Damals, in meiner schweren Krise vor zwei Jahren (2003), habe ich ihn gefragt: „Warum hast du das zugelassen? Gott, gib mir ein Zeichen, was ich jetzt tun soll."

Ich glaube „Jesus loves me", er liebt mich halt. Manchmal weiß ich nicht, warum er es tut; denn schließlich war ich auch schon mal auf ihn böse. Wenn es mir dreckig geht, dann sage ich schon mal: „Was hast du dir eigentlich dabei gedacht? Soll ich nicht mehr singen? Du weißt doch, dass ich mit Leib und Seele Sängerin bin. Ich würde mich freuen, wenn du mir die Kraft schenken würdest weiterzumachen."

Ihr Umgang mit Jesus erinnert mich an Don Camillo, der als katholischer Priester auch so unbekümmert „frisch, fromm, fröhlich, frei" mit Jesus kommunizierte und damit die besten Erfahrungen machte. Hat Ihnen diese Zwiesprache geholfen?

Das Gebet erleichtert mich, schenkt mir innere Ruhe und Zuversicht. Mit andern Worten: Da kommt noch was. Auch wenn man im Augenblick nichts Genaues weiß. Es kann vielleicht noch ein bisschen dauern, bis er antwortet. Es kann noch ein bisschen durchs Tal gehen, aber irgendwann geht es wieder bergauf. Und die Lösung wird für einen besser sein als das, was gewesen ist.

Wenn ich den Grand Prix gewonnen hätte, wäre ich vermutlich in eine ganz andere Welt hineingerutscht, die vielleicht gar nicht zu mir gepasst hätte. Die Musikrichtungen Schlager und Pop liegen mir ohnehin nicht so gut wie Gospel und Jazz.

Ich kann jetzt wieder die Musik machen, die ich liebe, auch wenn ich weniger Gage bekomme. Heute bin ich ganz froh, dass es so gelaufen ist. Ich glaube, es hat alles seinen Sinn. Der da oben weiß, was für mich am besten ist.

Kurz nach dem Wettbewerb haben mich meine Musikerkollegen angerufen, als wäre nichts passiert, denn in Jazzkreisen wird dieser Schlagerwettbewerb Grand Prix d'Eurovision de la Chanson überhaupt nicht beachtet. Nur einige von ihnen haben ihr Unbehagen zum Ausdruck gebracht, dass ich überhaupt daran teilgenommen habe. „Du bist doch eine Jazz- und Soul-Sängerin", sagten sie.

In den letzten Monaten hat sich ein neues Projekt entwickelt. Ich komme mir vor wie Moses, der am Ufer des Roten Meeres steht und sich fragt: Wie komme ich da rüber auf die andere Seite? Es bahnt sich eine Lösung an. Ich glaube, das Meer wird sich bald teilen und ich komme ins Gelobte Land. Und wenn ich dort angekommen bin, geht es wieder richtig los.

Sie scheinen voller Elan zu sein. Im Rahmen Ihrer Möglichkeiten setzen Sie sich auch als Kuratoriumsmitglied von „Pro Retina" ein, einer Selbsthilfegruppe für blinde Menschen.

In Ihrer Heimatstadt Bremen gab es auch mal einen Prominenten, der sich für Hilfsbedürftige einsetzte. Ich denke an den ehemaligen Fußballprofi Wynton Rufer von Werder Bremen. Er schwärmte von einer amerikanischen Soldatengemeinde, die er sonntags besuchte, um neue Kraft für seinen Alltag zu bekommen.

Gehen Sie auch schon mal am Sonntag in die Kirche?

Der herkömmliche Gottesdienst langweilt mich. Mir kommt es vor, als würden der Pastor und seine Zuhörer selbst nicht daran glauben, was dort praktiziert wird. Emotionslos werden alte Choräle abgesungen. Da fehlt einfach der Spirit, die Begeisterung und der überspringende Funke.

Gospelkonzerte in der Kirche finde ich immer gut. Mein tollstes Erlebnis hatte ich hier in Bremen in einer Gemeinde, wo amerikanische Soldaten stationiert waren. Mehrmals durfte ich dabei sein. Um mich herum waren nur temperamentvolle farbige Amerikaner. Wenn sie ihre Gospels sangen, klatschten sie dabei in die Hände und ließen ihr Herz sprechen. Mit Leib und Seele priesen sie Gott: Praise the Lord! Das war für mich Kirche pur. Schade, dass die Amerikaner abgezogen sind.

Am Horizont der deutscher Volkskirchen ist leider keine spürbare geistliche Umkehr in Sicht. Udo Lindenberg singt: „Hinter'm Horizont geht's weiter." Glauben Sie daran?

Ich kann mir nicht vorstellen, dass mit dem Tod alles aus ist. Wenn ich an die übereinstimmenden Berichte der Menschen denke, die klinisch tot waren, finde ich das Bild vom dunklen Tunnel, der sich am andern Ende zu einer wunderschönen Landschaft weitet, die in ein warmes Licht getaucht ist, besonders tröstlich. Mit dieser Vorstellung könnte ich vertrauensvoll sterben.

Wenn ich nur noch einen Tag zu leben hätte

Was würden Sie tun, wenn Sie nur noch einen Tag zu leben hätten?
Ich würde ein großes Konzert mit einer tollen Band und einem tollen Publikum organisieren. Auf der Bühne würde ich so lange singen, bis ich tot umfalle.

Mein letztes Lied „Amazing Grace" würde ich nur a capella singen – ohne musikalische Begleitung. Ich bliebe angestrahlt, bis der Vorhang für immer fällt.

Leider machen sich die wenigsten Gedanken über den Inhalt von „Amazing Grace". Deshalb möchte ich hier zu guter Letzt eine kurz gefasste sinngemäße Übersetzung anfügen:

O wunderbare Gnade Gottes, du hast mich errettet.
Ich war verloren und blind. Jetzt kann ich sehen.
Auch nach zehntausend Jahren in Gottes Herrlichkeit
wird mein Herz noch von der Gnade singen
wie in der ersten Zeit.

„Hinterm Horizont geht's weiter"

Udo Lindenberg, *Rocksänger, Komponist, Produzent und Maler*

Der Mann mit Hut, schwarzer Lederhose und der viel sagenden Gürtelschnalle mit der Aufschrift „PANIK" saß vor seinem großen Auftritt auf der Rockbühne in aller Seelenruhe in seiner Umkleidekabine und unterhielt sich mit mir buchstäblich über Gott und die Welt.

„Panische Zeiten" brachen dagegen bei seiner Garderobenfrau an, als der Rockstar in unserem Gespräch sich derart über Gott und die Panik-Welt verlor, dass er an seinem Bühnenoutfit kaum noch interessiert war. Nur halbherzig ließ er Gaby gewähren, bis am Ende schließlich nur noch das Kleidungsstück oberhalb der Gürtellinie gewechselt werden musste. Und das ging nicht ohne „Hut ab". Aber dieses Tabu konnte er in meiner Gegenwart unmöglich brechen. Da die Zeit drängte, sagte ich: „Udo, ich verschwinde jetzt. Wir führen unser Gespräch einfach nach dem Konzert weiter." Gaby atmete erleichtert auf.

„Hinterm Horizont geht's weiter." Religiöse Fragen sind für Udo Lindenberg nicht tabu, sondern von existenzieller Bedeutung, wenn er sie auch aus kritischer und manchmal widersprüchlicher und ironischer Distanz betrachtet.

Je älter er wird, desto weniger scheint der Altrocker von einem für ihn undefinierbaren Gott loszukommen, der nicht nur in seinen Songs, sondern auch auf seinen Bildern erscheint.

Die Zehn Gebote und Krieg der Religionen

Seine gemalten Werke, die künstlerischen Anspruch erheben, sind witzig, ironisch und zuweilen irritierend, aber auch liebevoll in der Art von Karikaturen gestaltet. Seinen Bilderzyklus „Die Zehn Gebote" hat der kirchendistanzierte Künstler Weihnachten 2002 in der Hamburger St.-Jacobi-Kirche ausgestellt. Mose, der Überbringer der göttlichen Gebote, trägt unverwechselbar die Züge des malenden Sängers. Auf einem Bild stemmt er eine gewaltige Tafel mit der Aufschrift „du sollst". Jeden Augenblick droht die steinerne Tafel das kleine Männlein zu erdrücken. Auf einem anderen Bild ruft ein riesiger Mund dem Menschlein die Worte „Ich bin der Herr, dein Gott" zu.

Einerseits scheinen die Gebote den Menschen zu erdrücken, andererseits erkennt er die Notwendigkeit solcher Gesetze an, die für alle Menschen gelten.

„Krieg der Religionen" heißt das wohl aktuellste Bild des Rocksängers. Es zeigt, wie sich Christen, Moslems, Juden und Buddhisten mit Waffen gegenüberstehen und einander tödliche Wunden zufügen. Das Werk hat er bereits vor den Terroranschlägen der Kamikazeattentäter in New York gemalt.

„Jetzt im neuen Jahrtausend müsste endlich mal klar werden, dass unsere Zukunft nur im Dialog der Kulturen und Religionen liegt", sagt der engagierte Maler und Sänger. „Wir brauchen freundliche Absprachen, Koexistenzen und nicht den zerstörerischen Wahnsinn von radikalen Fundamentalisten, die zum Mord an Ungläubigen aufhetzen."

Auf einem anderen großformatigen Bild zeigt er feiernde Menschen unterschiedlichster Hautfarbe und Nationalitäten.

Wenn morgen die Welt unterginge ...

Der mulitikulturell interessierte Künstler appelliert an den Schöpfergott, sich nicht in ferne Welten zurückzuziehen und die Menschen zu vergesssen: „Gott, wenn es dich gibt, wie immer du auch heißt und wie viele Namen du auch trägst, zeig mir das Licht. Wohnst du darüber oder bist du ein Gerücht?“ Doch wenn es ihn geben sollte, will er auch etwas von ihm haben: „Gib mir die Power, ich will dafür stehen, die Welt zu ändern. Das muss doch geh'n ...“

Die Botschaft in seinen Bildern und Songtexten ist politisch, gesellschaftskritisch, aber auch aufbauend und Grenzen überschreitend: „Hinterm Horizont geht's weiter.“

Auf meine Frage, wie er seine positive Einstellung begründet, sagt er: „Ich halte mich an den Spruch von Martin Luther: ‚Wenn die Welt morgen unterginge, würde ich heute noch ein Apfelbäumchen pflanzen.‘“

Der pessimistischen No-Future-Mentalität setzt er seine trotzige Power entgegen: „Nein, ich will kein Dichter sein, der Blumen an das Grab der Vernunft bringt und was Schlaues singt. Che Guevara und Martin Luther King dürfen nicht umsonst gestorben sein. Sonst pack ich mein Mikrofon für immer ein.“

Alles, was Udo Lindenberg inszeniert, ist spektakulär, anstößig, oft skandalös und manchmal himmelschreiend. Er will Aufsehen erregen, koste es, was es wolle. Im August 1973 gründete er sein berühmt-berüchtigtes Panikorchester. Panik bedeutet für Udo „Aufruhr, Unruhe, Kontroversen“.

Diese Welt ist für den aggressiven Rocksänger ein Schlachtfeld der machtbesessenen Politiker, konkurrierenden Wirtschaftskonzerne, der seelenlosen Bürokraten und Wissenschaftler, deren egoistischen Interessen die Volksmassen zum Opfer fallen.

Udo selbst pendelt zwischen Allmachtsphantasien und Ohnmachtsgefühlen, Wahn und Wirklichkeit, Lebensgier und Sehnsucht nach Geborgenheit, zwischen Gott und Teufel. Dabei macht er sich zum Sprachrohr einer frustrierten Gesellschaft, die letztlich nicht mehr weiß, was sie will und wohin die Reise geht.

Der Rocksänger spielt bewusst verrückt, um die verrückten Ideen in einer verrückten Welt wieder zu verrücken.

Mit dem Mut der Verzweiflung versucht er, seine Fans wachzurütteln: „Leute, steht auf, macht was. Die Welt geht unter, wenn ihr nichts unternehmt."

Zusammen mit einem zehnjährigen Jungen fragt Udo in seinem Lied „Wozu sind die Kriege da?":

Herr Präsident, ich bin jetzt zehn Jahre alt
und fürchte mich in diesem Atomraketenwald.
Sag mir die Wahrheit, sag mir das jetzt.
Wofür wird mein Leben aufs Spiel gesetzt?

Für Udo Lindenberg drückt sich in der Rockmusik und in seinen Texten das Lebensgefühl einer Generation aus – ihre spontanen Träume, Sehnsüchte und die Rebellion gegen eine verkrustete Gesellschaft.

Für sein gesellschaftliches Engagement sowie für die Bereicherung der deutschen Musikkultur hat der 57-jährige Sänger 2004 den „Frankfurter Musikpreis" verliehen bekommen. Lindenberg hat immer an die Wiedervereinigung geglaubt und unermüdlich seinen „Sonderzug nach Pankow" in Bewegung gesetzt, bis er schließlich Honecker persönlich seine Lederjacke und Gitarre überreichen konnte. Und in Moskau sangen die Russen auch „Hinterm Horizont geht's weiter".

Elvis Presley und Bob Dylan als Vorbilder

In der kleinbürgerlichen westfälischen Stadt Gronau aufgewachsen, fühlte sich Udo bereits als Elfjähriger von dem amerikanischen Rock'n'Roll-Sänger Elvis Presley angezogen. Als Gegenpol zu Elvis entdeckte er den amerikanischen Sänger Bob Dylan, dessen radikale Protestsongs immer aus konkreten Begebenheiten enstanden, zum Beispiel solche, in denen es um die Diskriminierung der Schwarzen oder das Unrecht gegenüber den gesellschaftlich Schwachen ging.

Als Zwölfjähriger saß er zum ersten Mal an einem Schlagzeug und nach der Mittleren Reife tingelte der Musikbesessene durch die Provinz.

Den heiß ersehnten Durchbruch schaffte er mit seiner LP „Andrea Doria“ (1973), und noch im selben Jahr ging er mit seinem neu gegründeten Panikorchester erstmals auf Konzerttournee.

Mit 17 fing er an zu trinken. Nervenzusammenbrüche folgten. Später wechselten sich Trinkphasen mit trockenen Zeiten ab. Der Hut rutschte immer tiefer und die Sonnenbrillen wurden immer größer.

Jahrzehntelang glich er dem von ihm besungenen Mann: „Er brannte wie ein Feuerwerk, das glitzert und funkelt und knallt, zwischen Suff und Drogen ist er abgestürzt, er war erst 32 Jahre alt.“ Heute zieht er dem Alkohol eine Cola light vor.

Seit 1995 wohnt er im Hotel-Luxusliner „Atlantic“ an der Hamburger Außenalster. Hier fühlt er sich zu Hause.

Der „Desperado“ sehnt sich nach Geborgenheit

Die Visitenkarte des „coolen“ Rocksängers sind seine Lieder, wie zum Beispiel „Desperado“ – ein Song über einen zu jeder Verzweiflungstat entschlossenen politischen Abenteurer, der nun schon seit Jahren allein und verloren durch die Prärie reitet und sich in der Einsamkeit doch nie findet. Der Song schließt mit den Worten: „Noch bist du nicht verloren. Zu Hause wartet schon lange jemand, der dich sehr liebt.“

Trotz seiner Kritik an ihrem „spießbürgerlichen Lebensstil“ vermisst Udo seine Eltern, die bereits in den 70er-Jahren gestorben sind. Er glaubt, dass sie die ganze Geschichte jetzt mitverfolgen. „Meine Mutter Hermine ist die einzige Frau, die ich in meinem Leben wirklich geliebt habe, die einzige, der ich völlig vertraut habe.“

Udo redete in unserem Gespräch immer wieder von der „Sehnsucht nach irgendeinem Halt“. Er beklagte die

„immer unheimlicher werdende zwischenmenschliche Kälte". Er meinte: „Das Einzelfighterwesen nimmt immer fürchterlichere Formen an. Wo kann man sich heute noch aufgehoben fühlen?"

Udo lebt ständig in Panik, wie es seine Songs in den 80er-Jahren bereits auf extreme Art und Weise ausdrücken. Damals fragte ich ihn, worauf er es zurückführe, dass Rockbands mit destruktivem Einschlag wie Pilze aus dem Boden schießen. Seine Antwort war: „Das ist irgendwie so ein Endzeitgefühl, das viele Jugendliche angesichts dieser hoffnungslosen, verfahrenen politischen und wirtschaftlichen Misere draufhaben. Und wenn es so weitergeht, droht ein Desaster."

„Gehört Udo bald die ganze Welt?"

Mit Wut im Bauch singt er seinen Song „Sündenknall": „Früher war die Welt ein riesiger Garten für Adam und Evi und überhaupt für jeden." Er spricht vom „Trouble im Paradies". Das Ende vom Lied heißt: „Die Menschheit dacht sich: ‚Jetzt erschaffen wir Gott. Jetzt sind wir selber Gott.'"

Treibt der zynische Rocksänger sein frivoles Spiel mit dem heiligen Gott? Der Teufel sitzt im Nacken, die Welt geht vor die Hunde und Udo macht sich zum Sprachrohr orientierungsloser Menschen, die im Zorn auf diese gottlose Welt zurückschauen und in ihrer Wut und Ohnmacht mit dem Rocksänger Gott anklagen: „Wir rufen seinen Namen, doch er hört uns nicht."

Ich fragte Udo, was er sich bei solchen Aussagen eigentlich denkt. Seine Antwort lautete: „Das sind satirische Songs, finstere Fiktionen, menschliche Vorstellungen, mit denen man spielen kann. Ich will erreichen, dass beim Zuhören aus dem makabren Spaß ein heilsames Erschrecken wird, eine existenzielle Betroffenheit. Was machen wir eigentlich? Was ist das für eine Art von Narrentanz, auf den wir uns eingelassen haben und an dem wir beteiligt sind? Für mich ist die Form der Satire ein geeignetes Mittel, um inflationierte Themen wieder zur Sprache zu bringen. Wenn man normal darüber redet, schrauben sich die Leute die Ohren ab."

„Was ist mit Gott?"

In Anlehnung an den Song der Rolling Stones „Sympathy for the Devil" singt Udo in seinem Lied „Sympathie für den Teufel":

„Erlauben Sie, dass ich mich vorstell. Ich bin ein Mann von Welt und Stil. Ich gehe um seit einer Ewigkeit, raube Seelen, kenne kein Gefühl. Ich war da, als Jesus voller Zweifel war und rief in seiner Qual. In vielen Kriegen war ich Panzergeneral ... Was Sie irritiert, ist mein Handeln ohne Sinn."

Fühlt er sich selbst wie der „kleine Junge" in seinem gleichnamigen Lied, der seiner Mutter viele quälende Fragen stellt? Zum Beispiel: „Was ist mit Gott?" Seine Mutter sagt: „Der hat den Himmel zugemacht, ist abgereist, ist ganz weit weg und kümmert sich 'n Dreck."

Auf Wunsch der glaubensfesten Großmutter wurde Udo mit neun Jahren getauft und später konfirmiert. Aber mit der Institution Kirche steht er bis heute auf Kriegsfuß.

„Glaubst du an Gott?", fragte ich ihn.

„Da ich ja so realistisch wie möglich an alles herangehe, sag ich: Es kann sein, dass es Gott gibt. Ich weiß es nicht so genau. Manchmal hab ich irgend so ein Gefühl, eine Ahnung. Wenn ich durchhänge, brauche ich mehr Halt, irgendeine Art von Trost. Dann merke ich, dass ich bereiter bin, mich auf Gott einzulassen. In anderen Zeiten bin ich wieder weniger bereit und sage, es liegt auch ein Risiko in der ganzen Sache, und zwar das, dass man sagt: ‚Gott, der Barmherzige und Allmächtige, macht schon alles richtig, denn es ist alles gottgewollt und gottgefügt.' Dass man sein Gebet abrattert und meint, man hätte seine Schuldigkeit getan. Man sollte die Kirchen aber nicht als eine Art Verschiebebahnhof für Verantwortlichkeit benutzen. Ich glaub, das tun viele Menschen. Das ist eine große Gefahr, ein großes Risiko. Ich finde, dass unsere politische Arbeit für mehr Gerechtigkeit und für mehr Fairness auf der Welt ganz wichtig ist, was natürlich nicht ausschließt, dass es einen Gott gibt."

Ich fragte den Rocksänger, was er von dem Satz von Max Horkheimer, dem weltbekannten Soziologen und geistigen

Vater der 68er-Studentenrevolte, halte, den dieser mir kurz vor seinem Tod in einem mitternächtlichen Gespräch gesagt hatte: „Die Rebellion der heutigen Jugend ist letztlich ein Zeichen der ungestillten religiösen Sehnsucht."

„Das kann ich verstehen, weil es immer weniger Geborgenheit in unserer Gesellschaft gibt", gestand Lindenberg. „Jeder Mensch braucht einen inneren Halt."

„Die Sehnsucht nach dem ganz Anderen", wie es Horkheimer einmal ausgedrückt hat, lässt Udo unbewusst nicht los.

Auf Jesus immer große Stücke gehalten

Auf Grund seiner Prominenz ist der Rocksänger fast allen Bundespräsidenten persönlich begegnet. Besonders verehrt hat er den inzwischen verstorbenen Gustav Heinemann, dessen Geradlinigkeit und Zivilcourage ihn beeindruckten. Ich erzählte Udo von meinem Interview mit dem ehemaligen Bundespräsidenten und von dessen Antwort auf meine Frage, was Jesus ihm bedeute. „Jesus ist für mich der Weg, die Wahrheit und das Leben", hatte Gustav Heinemann gesagt. Udo war sichtlich beeindruckt und sagte: „Auf Jesus habe ich immer große Stücke gehalten, weil ich seine Botschaft für ganz wichtig halte. Aber ich finde es ziemlich traurig, dass die Menschen aus dieser Möglichkeit so wenig gemacht haben."

In einem unveröffentlichten Lied stellt sich Udo vor, Jesus käme zurück auf die Welt und würde dieselben Wunder tun wie damals: „Wenn das nicht passiert, und zwar möglichst bald, dann ist das Loblied bald verhallt. Dann wird die Kirche abgeschafft. Scheinchristen sind so abgeschlafft."

Im Penthouse des Lebens – eine Etage höher

Für Udo geht das Leben hinterm Horizont weiter. Seine verstorbenen Freunde wohnten jetzt im Penthouse des Lebens, sagte er, eine Etage höher. „Die Verbindung bleibt auf jeden Fall bestehen. Man kann nicht ewig durchhängen. So wollen mich auch meine Eltern sehen, die inzwischen auch dort oben sind."

Auf die Frage, ob sein Glaube an ein Leben nach dem Tod ihn nicht manchmal dazu verleite, unvorsichtig zu sein, antwortete er: „Das ist Quatsch. Vielleicht ist es sogar gerade diese Überzeugung, dass hinter dem ganzen Sein mehr steckt als der rein biologische Vorgang, die mir meine Verantwortung bewusst macht. Wenn mir dann später jemand die Rechnung präsentiert und sagt: Also, Udo, du hattest Möglichkeiten; die Leute haben dir zugehört. Hast du den Leuten die Wahrheit gesagt? Warst du ehrlich? Und wenn ich dann auf so 'ne richtige Schmalzproduktion zurückblicken müsste, Mensch, das wäre Scheiße."

„Kulturminister" Rocky im Film „Panische Zeiten"

Es gibt noch einen anderen Weggefährten von Udo Lindenberg, der inzwischen auch „dort oben" ist: Rocky, alias Gerhard Bauer. In den 80er-Jahren wurden die beiden „Freunde für die Ewigkeit". Das erste Mal sah Udo Rocky im Vorbeifahren auf der Reeperbahn in Hamburg Sankt Pauli. Hier war der über und über tätowierte und gepiercte Mann mit Irokesenhaarschnitt in einem schwarzen, ledernen, mit Nieten und Ketten besetzten Kampfanzug seit 20 Jahren zu Hause. „Diesen Mann muss ich unbedingt kennen lernen", sagte sich der Rocksänger. Bald darauf präsentierte ihn Udo als Sänger und Animateur auf der Bühne und ließ ihn als Kulturminister in seinem abendfüllenden Spielfilm „Panische Zeiten" auftreten.

Auch ich kannte Rocky. Ich freundete mich nur wenige Wochen vor seinem Tod in einem Hamburger Krankenhaus mit ihm an, wo der Sterbenskranke mir sein letztes Interview gab, sozusagen sein Vermächtnis.

Der an Prostata-, Haut- und Lungenkrebs erkrankte 59-jährige Mann ließ mit letzter Willensanstrengung sein tragisches Leben Revue passieren. Als Fluchthelfer wurde er 1948 in Berlin von den Russen geschnappt und zu lebenslanger Zuchthausstrafe verurteilt. Als er nach sechsjähriger Haft vom

Westen freigekauft wurde, war er durch seine „teuflischen" Tätowierungen als Außenseiter abgestempelt. Er wurde „Rockerkommandant" und verschrieb sich mit seinem Blut dem Teufel. Fortan wurde der gewalttätige Exot von den Zuhältern im Milieu gefürchtet und von den Huren verehrt.

Rocky

Udo als Papst und Rocky als Teufel

In seiner letzten Show in Berlin trat Rocky als Satan, Udo als Papst und leichte Mädchen als Nonnen auf. Nach der Vorstellung brach Rocky zusammen und wurde ins Krankenhaus eingeliefert.

Noch einmal rappelte er sich auf, war aber nicht mehr bereit, den Leibhaftigen zu spielen. Auf der Reeperbahn sprach ihn ein junger Christ an, der für ihn beten wollte.

„Ich spürte eine ungeheure Kraft und eine Gottesnähe wie nie in meinem Leben", bekannte Rocky später. „Danach besuchte ich einen Gottesdienst in der evangelisch-freikirchlichen Gemeinde in Altona, wo ich zum ersten Mal ein Zuhause gefunden habe. Ich konnte meine Maske ablegen, den Kampfanzug ausziehen und wieder Mensch sein."

Rocky wurde Gemeindeglied und ließ sich taufen. Sein Taufspruch lautete: „Ich wandte mich an den Herrn und er antwortete mir; er befreite mich von allen meinen Ängsten“ (Psalm 34,5). In den darauf folgenden Monaten beglich der bekehrte Christ seine Schulden, bat seine Feinde um Vergebung und bekannte vor Huren und Zuhältern, dass sein Glaube an Jesus einen neuen Menschen aus ihm gemacht hatte. Überall in den Kneipen, Spielhöllen und Bordellen staunendes Entsetzen. Auch sein Freund Udo Lindenberg konnte es nicht fassen. „Udo ruft mich jetzt oft im Krankenhaus an und will vorbeikommen“, sagte mir der schwer kranke Rocky.

In seinem letzten Lebensjahr wurde Rocky zum Seelsorger für Kriminelle, Drogensüchtige und Penner. Sie kamen sogar noch zu ihm ins Krankenhaus.

Vom Saulus zum Paulus auf Sankt Pauli

Als Rocky am 1. April 1987 starb, schlug die Nachricht im Rotlichtmilieu wie eine Bombe ein. Die Huren hängten die Todesanzeige in ihr Fenster. Als ich bei Rockys Beerdigung in seiner Gemeinde in Hamburg-Altona auf der Kanzel stand, die Trauergemeinde und den aufgebahrten Sarg im Altarraum vor Augen, spürte ich etwas von dem Wunder, das Gott an Rocky vollbracht hatte – seine Bekehrung vom Saulus zum Paulus auf der Reeperbahn in Sankt Pauli.

Am Ende meiner Ansprache sagte ich: „Bevor Rocky seine Augen für immer schloss, sagte er: ‚Vater, ich gehe jetzt zu dir.‘ Sein letztes Interview mit mir schloss der Todgeweihte mit den Worten, die sozusagen sein Vermächtnis sein könnten.“

Ich spielte das Tonband von diesem Interview über Lautsprecher ab: „Der gekreuzigte und auferstandene Jesus ist für uns alle lebendig und für uns stets greifbar. Du kannst seine Hand ergreifen – jetzt in diesem Augenblick. Du brauchst nicht dein ganzes Leben so zu vertun wie ich. Ergreif seine Hand. Er streckt sie dir hin. Ich habe diese Hand ergriffen und seine Kraft erfahren: Herr, ich bin dir so dankbar dafür. Und du wirst der Lebendige bleiben in alle

Ewigkeit. Früher war der Tod für mich Furcht und Schrecken. Heute ist es ein Heimgehen zu Gott. Und dafür danke ich."

Totenstille! Etliche Trauergäste, besonders aus dem Rotlichtmilieu, wischten sich verstohlen Tränen aus dem Gesicht. Unter ihnen auch die legendäre Rocksängerin Elli Pirelli aus Udos Panikorchester. „Udo wäre gern gekommen, aber er muss heute Abend in Köln bei Boulevard Bio im Fernsehen auftreten", sagte sie betroffen. Neben dem Sarg las ich auf einer Kranzschleife: „Unserem lieben Rocky! Udo und die Panikfamilie."

„Ich bete für meinen Freund Udo, dass Gott ihm genauso wie mir die Augen öffnet für seine Kraft und Liebe über den Tod hinaus", hörte ich Rocky noch auf seinem Sterbebett sagen.

Rockys Glaubensbekenntnis hat Udo wohl entscheidend zu seinem eindrucksvollsten Song inspiriert: „Hinterm Horizont geht's weiter."

Wenn Gott Regie führt, spielen wir richtig

Barbara Wussow und Albert Fortell,
Schauspielerehepaar

Frau Wussow, als ich heute morgen vom Wiener Westbahnhof zu Ihrer alten Villa im 19. Bezirk fuhr, fragte ich den Taxifahrer, ob er Sie kenne. Der 50-jährige Wiener strahlte übers ganze Gesicht und sagte: „Das ist eine fesche Frau und eine beliebte Schauspielerin, die weit über die Grenzen Österreichs bekannt ist."

Vor 21 Jahren haben Sie in der populären Fernsehserie „Schwarzwaldklinik" vor 28 Millionen Zuschauern Ihr Debüt als Fernsehschauspielerin gegeben. Wie kam es dazu?

Wussow: *Es war meine erste Fernsehrolle und auch die erste Zusammenarbeit mit meinem Vater, dem „Professor Brinkmann" in der „Schwarzwaldklinik". Für den Fernsehproduzenten Wolfgang Rademann war meine Rolle zunächst ein PR-Gag. Ich war die Patientenbetten aufschüttelnde und irgendwelche Medikamente vorbeibringende Lernschwester Elke, deren Spielraum von Folge zu Folge größer wurde. Als ich irgendwann von der Filmleinwand verschwand, protestierte das Fernsehpublikum so lange, bis ich wieder ins Drehbuch hineingeschrieben wurde. Damals war ich 21 Jahre alt und hatte bereits vier Jahre Theater in Wien gespielt.*

In der Filmbranche gelten Sie als attraktive Schauspielerin mit erotischer Ausstrahlung. Inzwischen haben Sie 20-jährige Erfahrung als Theater-, Film- und Fernsehschauspielerin. Wie kommt es, dass Gott in Schauspielerkreisen häufig klein geschrieben wird?
Wussow: *Ich glaube nicht, dass das tatsächlich so ist. Viele Schauspieler sind gläubig, haben aber Angst, es zu offenbaren oder sich lächerlich zu machen.*

Sie meinen, es habe nicht viel mit Freiwilligkeit zu tun, in die Kirche zu gehen. Vielmehr fühlen sie sich in ihrer künstlerischen Freiheit eingeengt. Warum darf ein Schauspieler nicht gläubig sein und in die Kirche gehen? Das eine schließt das andere ja nicht aus.

Fortell: *Zudem herrscht die Meinung, eine gewisse geistige und politische Einstellung gehe mit dem Glauben nicht ganz konform, und selbst wenn Künstler glauben würden, sei es taktisch klüger, es in der Öffentlichkeit nicht zuzugeben, weil man dann bei Rollenvergaben nicht so gut angesehen sei und weniger berücksichtigt würde. Es ist ein sehr kompliziertes und wahrscheinlich auch ein sehr blödes Denken.*

Es gibt vermutlich ebenso viele Politiker, die gläubige Menschen sind, aber sie geben es nicht zu, weil sie Angst haben, Wählerstimmen verlieren zu können. Das ist eine angsterfüllte, falsche Ansicht. In den USA ist es genau umgekehrt. Wenn ein Präsidentschaftskandidat sich nicht öffentlich zum Christentum bekennt, hat er keine Chance, gewählt zu werden.

Wussow: *Im Gegensatz zu meinem Mann bin ich keine Streiter- oder Kämpfernatur und ich bin auch nicht so missionarisch ein-*

gestellt. Lieber erzähle ich den Menschen von meinem Glauben, indem ich ihn vorlebe, als dass ich ihnen meinen Glauben um die Ohren schlage. Ich möchte nach dem Grundsatz leben: „Rede nur, wenn du gefragt wirst, aber lebe so, dass du gefragt wirst."

Kommen Sie am Filmset schon mal mit Schauspielerkollegen in ein Glaubensgespräch?
Wussow: *Wenn ich irgendwo Filmaufnahmen mache, gehe ich in den Drehpausen auch in die Kirche.*

„Warum tust du das?", werde ich oft gefragt.

„Weil ich es brauche und es zu meinem Leben gehört", ist meine Antwort und ich frage zurück: „Und du brauchst es nicht? Hast du nie das Gefühl gehabt, dass dir irgendetwas abgeht?" Es kommt dann meistens die Reaktion: „Ja, vielleicht schon ... manchmal." Aber dann wird auf die Kirche und auf den Papst geschimpft, um wieder von sich selbst abzulenken und eine Entschuldigung zu finden, sich nicht stellen zu müssen.

Der säkulare, von Gott losgelöste Mensch möchte von uns Christen nicht wissen, wie unser Glaubensbekenntnis klingt, sondern was dieser Glaube uns einbringt und was er für unseren Alltag bedeutet. Was würden Sie darauf antworten?
Wussow: *Es würde mir ein großer Teil in meinem Leben fehlen, wenn ich als Christ nicht an Christus glauben könnte.*

Ich habe zwei buddhistische Kolleginnen, die Sie auch kennen und mit denen ich oft diskutiere. Sie kreisen nur um sich selbst und sagen: „Ich bin aus mir selbst heraus gut. Ich genüge mir. Ich weiß selbst, was ich zu tun habe."

Eine solche Selbstbespiegelung scheint mir zu oberflächlich zu sein und zu leicht gemacht.

Mein christlicher Glaube ist nicht nur ein Spaziergang, denn meine Bindung an Gott bedeutet für mich nicht nur Zuspruch, sondern auch Anspruch und manchmal Widerspruch gegenüber unmenschlichen Zuständen. Als Christ stehe ich in der Verantwortung vor mir selbst, vor meinem Mitmenschen und vor Gott, dem ich einmal Rechenschaft für mein Handeln auf dieser Welt geben muss. Nur auf diese Weise kann ich sinnvoll leben, aber nicht ohne Gebet und Gottesdienst, aus dem ich Kraft und Weisung für meinen Alltag bekomme.

Sie kommen beide aus Schauspielerfamilien. Waren Ihre Eltern fromm?

Wussow: *Ich bin in München geboren, wo meine Eltern, Klaus Jürgen Wussow und Ina Krottendorf, als Schauspieler am Residenz-Theater engagiert waren. Danach spielten sie über 40 Jahre am Wiener Burgtheater.*

Wie meine österreichische Mutter habe auch ich hier im 19. Wiener Bezirk zwölf Jahre lang dieselbe Ordensschule „Maria Regina" bei den „Schwestern vom armen Kinde Jesu" besucht. Bis heute bin ich mit meiner „Halbinternatsschwester" Maria Veronica freundschaftlich verbunden; sie ist 94 Jahre alt, steht aber immer noch jeden Morgen um 4:00 Uhr auf und macht die Sakristei für die Frühmesse zurecht.

Mein Erstkommunionspfarrer, Monsignore Dr. Flasch, hat Albert und mich getraut, unseren Sohn getauft und meine sterbende Mutter eingesegnet.

So bin ich von Kind auf in die katholische Kirche hineingewachsen und habe nie Glaubensprobleme gehabt. Mein Mann hat erst später das Christentum entdeckt. Deshalb ist er heute ein glühender Missionar.

Fortell: *In Wien habe ich eine amerikanische Schule mit Schülern aus 47 Nationen besucht und deshalb auch keinen Religionsunterricht gehabt. Meine Mutter macht bis heute vor jeder Kirche ein Kreuzzeichen, ist aber selten in die Messe gegangen. Trotzdem hat sie als Katholikin überall ihren Glauben verteidigt.*

Mein Vater, Bert Fortell, war Schauspieler und hat viele Filme gedreht, vor allem in der damaligen DDR. Er hat Gott in der Natur verehrt und erst in den letzten zehn Jahren vor seinem Tod zur Kirche zurückgefunden.

Mein Bruder und ich sind nie angehalten worden, in die Kirche zu gehen. Erst in den letzten zwanzig Jahren haben wir den lebendigen Glauben an Gott entdeckt.

Frau Wussow, heute Morgen (14. April 2004) blätterte ich auf dem Wiener Westbahnhof in der Bildzeitung und entdeckte einen Artikel über Ihren berühmten Vater, Klaus Jürgen Wussow, der in diesen Tagen zum vierten Mal geheiratet hat. Denken Sie gern an Ihr Elternhaus zurück?

Wussow: *Mein Großvater mütterlicherseits war Gutsverwalter in Niederösterreich, wo wir Kinder unsere Ferien verbrachten, wenn die Eltern gerade Filme drehten oder bei Festspielen engagiert waren. Mein Bruder Alexander und ich fühlten uns auf dem Bauernhof sehr wohl, besuchten die Kirchweihfeste und waren bei der Grabwache und den Osterumzügen begeistert dabei.*

In meinen Kinder- und Jugendjahren war unsere Familie noch intakt. Vater und Mutter sorgten für ein Zusammengehörigkeitsgefühl und waren zu Hause fast immer für uns da.

Meine Eltern waren närrische Schauspieler, wie sie im Buche stehen, und sie waren beide starke Persönlichkeiten. Deshalb hat es auch oft gekracht. Als mein Vater meine Mutter verließ, war der Familiensegen dahin.

Jetzt hat er seine vierte Frau gefunden. Ich wünsche ihm alles Gute und bin jederzeit bereit, ihm zu helfen. Meine Arme sind offen, wann immer er kommen will.

Albert Fortell

Gegenseitige Anziehungskraft und Hingabe

In einer Staffel der Fernsehserie „Schlosshotel Orth" traten Sie vor einigen Jahren gemeinsam auf. Albert Fortell als Hoteldirektor und Barbara Wussow als „intrigantes Biest", als „Joan Collins vom Wörthersee".

Privat sind Sie ein verheiratetes Paar und seit 23 Jahren zusammen. Es ist für beide die erste Ehe, was in Schauspielerkreisen schon eine kleine Sensation ist. Was ist das Geheimnis Ihres Glücks?

Fortell: *Wenn ich jetzt sage: „Wir haben einfach Glück gehabt", ist das sicherlich auch richtig. Aber ich habe immer darum gebetet, dass Gott mir eine Frau schenken möge, mit der ich mich gut verstehe und mit der ich harmonisch zusammenleben kann.*

Natürlich gab es in unserer Ehe auch Krisen, aber wir wissen uns von Gott zusammengeführt. Deshalb gehen wir verantwortlich miteinander um und tragen unsere Konflikte fair aus, auch wenn es mal etwas heftiger wird. Selbstverständlich bete ich darum, dass sich alles wieder einrenken und normalisieren und dass es auch so bleiben möge. Wir bitten Gott nicht nur um etwas, sondern bedanken uns auch bei ihm für unsere Ehe, für unser Kind und für ein gutes Umfeld.

Oft werden wir als intakte Familie beneidet, manchmal auch belächelt wegen unserer christlichen Einstellung: Wie kann man als intelligenter Mensch in der heutigen Zeit noch religiös sein – und das als Schauspieler?

Wussow: *Es gibt viele Faktoren, die für das Gelingen einer harmonischen Partnerschaft wichtig sind.*

Albert ist neun Jahre älter als ich und hat wahrscheinlich mehr Geduld mit mir als ich mit ihm.

In unserer Ehe gibt es ein ewiges Nehmen und Geben. Ausschlaggebend für uns ist natürlich die gegenseitige Anziehungskraft nach Leib, Seele und Geist. Ich hätte keinen unintelligenten Menschen heiraten können. Ich brauche einen Menschen, der mich auch geistig fordert wie Albert.

Ich glaube, dass auch der Humor zur Intelligenz gehört. Man kann ohne Humor keine gute Ehe führen und ohne Intelligenz auch nicht humorvoll sein.

Wir gehen sehr humorvoll miteinander um, was selbst unsere

Freunde anfangs als komisch oder frech empfunden haben. Zuweilen ist es sehr entspannend, viele Dinge nicht so ernst zu nehmen ... den anderen ernst, aber uns selbst nicht so wichtig zu nehmen. Dieses unverkrampfte Verhalten gilt auch gerade für unseren Beruf, der sehr aufs Äußere bedacht ist.

Diese Äußerlichkeit hat in unseren eigenen vier Wänden, wo wir ein anderes Gesicht und ein anderes Auftreten haben, keinen Platz. Wenn ich mein Haus verlasse, bin ich leider keine private Person mehr, auch nicht beim Einkaufen.

Nur meine wirklich guten Freunde und Freundinnen, die ich Gott sei Dank habe, kennen mich wirklich so, wie ich bin. Da ich keine Mutter mehr habe, brauche ich auch lebenserfahrene ältere Ansprechpartnerinnen, die mich geistig fordern und als Schauspielerin wieder auf den Boden der Tatsachen bringen, was sehr wichtig ist.

Mit meinem Mann verbindet mich ein größtmöglicher gemeinsamer Nenner, was unsere Lebensansichten und -einsichten betrifft. Das gilt besonders für unseren Glauben und die Erziehung unseres Kindes. Ausnahmen gibt es natürlich. Er ist zum Beispiel computerverrückt und ich nicht. Aber das zählt nicht.

In Ihren Filmen gibt es manche Liebesszenen. Stehen Sie nicht in der Gefahr, sich in Ihren Partner zu verlieben, wenn Sie ihn laut Drehbuch küssen müssen?

Wussow: *Es ist mir noch nie passiert, und ich hoffe, es wird mir auch nie passieren. Wenn mir der Partner sympathisch ist, fällt es ein bisserl leichter. Im Übrigen spricht es für die Professionalität eines Künstlers oder einer Künstlerin, wenn sie im erotischen Sinne nichts empfinden. Natürlich versucht man schon, ein Gefühl in einer bestimmten Situation nachzuempfinden, denn wenn ich „danebenspiele", trifft es den Zuschauer nicht. Auf der Theaterbühne kann man mehr schwindeln, weil der Abstand zum Publikum größer ist. Auf jeden Fall muss die Kussszene gut rüberkommen. Mein Mann küsst als Schauspieler auch schon mal andere Damen, das stört mich aber nicht.*

Nikolaus ist unser gemeinsames Glück

Ihr großes gemeinsames Glück ist Ihr inzwischen sechsjähriger Sohn Nikolaus. Wie erziehen Sie ihn?
Wussow: *Männer gehen hinaus in die große Welt und Frauen in die kleine Welt der Familie. Mütter sind die Ersten, die mit ihren Kindern über den Glauben an Gott sprechen.*

Wie meine Mutter früher mit mir, so spreche ich heute mit meinem Buben das Nachtgebet. Wir lassen den vergangenen Tag noch einmal vorüberziehen, danken für alle schönen Erlebnisse und freuen uns auf den nächsten Tag.

Welche Fragen stellt er im Augenblick?
Wussow: *Das letzte Weihnachtsfest war für ihn besonders „fragwürdig". Er weiß, dass wir den ersten Geburtstag vom Christkind feiern. Aber dann fragte er: „Warum kommt der Weihnachtsmann? Warum kommt Santa Klaus? Wer ist das denn überhaupt?" Ich bezeichne sie als märchenhafte Helfer des Christkindes.*

Wie früher mein Vater uns Kindern immer die Weihnachtsgeschichte vorgelesen hat, so halten wir es auch in unserer eigenen Familie. Anschließend besuchen wir die Christmette.

Zur Ostermette nehmen wir Nikolaus auch mit und setzen uns in die erste Reihe unserer Karmeliter-Kirche. Da hängt ein riesengroßes Kreuz. Die Nägel sind so groß wie eine Hand. Davor habe ich als Schülerin mich schon bei den Andachten gefürchtet. Nikolaus fasziniert der Gekreuzigte, dem grausame Menschen die Nägel in Hände und Füße geschlagen haben. Ich habe ihm erzählt, dass böse Menschen in ihrer Dummheit und Boshaftigkeit Christus gequält und ans Kreuz geschlagen haben, dass Christus den Tod aber besiegt habe und auferstanden sei.

Der Kampf zwischen Guten und Bösen beschäftigt seine kindliche Phantasie. Dass Christus das Böse besiegt hat, beeindruckt ihn. Auf die Frage, wo er jetzt sei, habe ich ihm erzählt, er sei nach seiner Kreuzigung in ein Grab gelegt worden; drei Tag später sei er auferstanden und jetzt regiere er in der unsichtbaren Welt, im Himmel, und sei immer für uns da.

Man soll Kindern dieses geschichtliche Ereignis genauso geheimnisvoll und aufregend erzählen, wie es eben ist.

Ich bin auch eine glühende Verfechterin von Märchen, weil sie die kindliche Seele stabilisieren und ihnen den Sinn schärfen für das Gute und das Böse, das man ihnen nicht vorenthalten kann. Spätestens im Kindergarten erfahren sie, dass nicht immer nur das Gute siegt.

Ihr Kind füllt Sie offensichtlich aus, nimmt Sie aber sicherlich auch in Anspruch. Wie fühlen Sie sich, wenn Sie nach Dreharbeiten wieder nach Hause kommen?
Wussow: *Wenn ich von irgendwelchen Dreharbeiten nach Hause komme und mit meinen Gedanken noch meine Rolle spiele, holt mich Nikolaus ganz schnell aus der Filmwelt heraus und drückt mir sein Matchbox-Auto in die Hand. Das ist für mich Realität, nicht meine Leistung als Schauspielerin, die morgen Vergangenheit, übermorgen vergessen und überübermorgen durch eine neue Rolle ersetzt ist.*

Was bleibt, ist mein Vorbild für Nikolaus und meine bedingungslose Liebe, die er sich wirklich nicht verdienen muss.

Wie man Familientragödien übersteht

Frau Wussow, in den letzten zwanzig Jahren ist in der Öffentlichkeit viel Häme über Ihre Familie ausgeschüttet worden. Die Scheidungskriege Ihres Vaters haben verheerende Formen angenommen. Dann wurde Ihre Mutter sterbenskrank. Wie sind Sie damit fertig geworden?
Wussow: *Als meine Mutter krank wurde und keine Hoffnung mehr auf Genesung bestand, haderte ich mit Gott und zweifelte. „Warum hast du mich verlassen?", klagte ich ihn manchmal an. Es ist tröstlich zu wissen, dass Christus als Mensch all unser Leid selbst durchgemacht hat und uns besser kennt, als wir uns selbst kennen. Und wenn ich zweifle, sieht er es mir sicher nach.*

Durch ein gewisses Urvertrauen, aber auch durch jahrelange Glaubenserfahrung kann ich mich mit meinen Sorgen ihm überlassen. Daraus erwächst eine innere Ruhe und Gelassenheit, die mich leichter leben lässt.

Aus meiner subjektiven Sicht kann ich nur glaubhaft machen, was sich in den letzten zwanzig Jahren in meinem kleinen Leben abgespielt hat: angefangen bei der Scheidung meiner Eltern über die öffentliche Abrechnung meines Vaters und seine Wiederheirat bis hin zum schrecklichen Tod meiner Mutter.

Ich weiß nicht, ob ich diese schmerzvollen Jahre ohne göttlichen Beistand so unbeschadet überstanden hätte.

Ihre letzten Wochen hat meine an Knochen- und Lungenkrebs erkrankte Mutter in unserm Haus verbracht. Zusammen mit anderen Menschen haben wir viel für sie gebetet und sehr viel gesungen. Am Ende haben wir nur noch darum gebetet, dass unsere Mutter im Frieden heimgehen könne, und darum, dass ich meinen Bruder und mein Mann uns beide würde auffangen können. In den Armen meines Bruders und in meinen ist unsere Mutter dann schließlich im Frieden Gottes eingeschlafen. Damals war Nikolaus, der fünf Wochen zu früh zur Welt gekommen war, gerade drei Monate alt.

Mein Trost im Leben und über den Tod hinaus

War der Tod Ihrer Mutter für Sie ein Furcht erregendes Erlebnis?

Wussow: *Am Sterben meiner Mutter habe ich erlebt, dass ihr Leben unmittelbar vor ihrem Tod in Bruchteilen von Sekunden an ihr vorübergezogen sein muss. Ich meine, gesehen zu haben, wie meine Mutter alles noch einmal durchlebt hat, als sie in bestimmten Lebensphasen mit der Stimme eines Kindes sprach und Menschen anredete, die ich nicht kannte. Das war sehr schön für mich.*

Ihre Beobachtungen und Empfindungen erinnern mich an zwei Phänomene bei klinisch Toten, die fast alle später Befragten nennen: Der Film ihres Lebens läuft in Sekundenschnelle mit allen Höhen und Tiefen in aller Klarheit vor ihnen ab. Dabei erkennen sie in allen Einzelheiten, was sie richtig und falsch gemacht haben. Es folgt das so genannte Tunnelerlebnis, das heißt, sie sehen einen Tunnel, an dessen Ende sich der Blick weitet. Man tritt ein in ein herrliches Land und wird von einem warmen Licht eingehüllt, das Christen mit Christus gleichsetzen. Längst Verstorbene tauchen auf, die von den klinisch Toten wieder erkannt werden.

Solche Erlebnisse im Grenzbereich des Todes sind vielleicht kein Beweis, aber doch ein bemerkenswerter Hinweis für ein Leben nach dem Tod.

Was bedeutet Ihnen der Glaube an Christus, der gesagt hat: „Ich bin die Auferstehung und das Leben. Wer mich annimmt, wird leben, auch wenn er stirbt" (Johannes 11,25)?

Wussow: *Christus ist für mich die personifizierte Liebe. Sein größter Liebesbeweis besteht darin, dass er Mensch wurde um unseretwillen, unsere Schuld auf sich nahm und sein Leben für uns opferte. In welcher Religion gibt es so etwas? Eine beglückendere Botschaft kann ich mir nicht vorstellen.*

„Die Passion Christi"

Sie haben beide den heiß diskutierten Film „Die Passion Christi" gesehen. Wie beurteilen Sie ihn?

Fortell: *Mel Gibson wollte keinen blutrünstigen Film machen. Aber Gewaltszenen gehören nun mal zur Passionsgeschichte. Komischerweise nimmt niemand Anstoß an Gewaltfilmen wie zum Beispiel „Das Schweigen der Lämmer". Mag sein, dass dieses abscheuliche Machwerk filmtechnisch raffiniert gemacht und genial gespielt ist ... In diesem Film zum Beispiel werden die krankhaften Elemente schaudernd hervorgehoben, aber nicht anklagend oder entlarvend, sondern „psychologisch subtil" voller Spannung kritiklos hingenommen.*

Aber Mel Gibson wird angegriffen, weil er den Film perfekt gemacht hat. Mit der „Passion Christi" verfolgt Gibson ein missionarisches Anliegen. Ihm war das Risiko, das er mit diesem umstrittenen biblischen Filmprojekt eingegangen war, wohl bewusst. Er riskierte seine finanziellen Mittel (Er investierte 35 Millionen Euro in das Projekt.) und seinen Ruf als Weltstar.

Als Christ wollte er der Welt zwölf Stunden Leidensgeschichte Jesu nach neutestamentlicher Vorlage kompromisslos vor Augen führen. Drastisch stellt er die keifenden Volksvertreter des jüdischen Volkes und den Sadismus der römischen Soldaten dar, stellvertretend für Boshaftigkeit, Hass und Grausamkeit der gesamten Menschheit. Christus nahm die Sünden der Welt auf sich und besiegte durch seine Auferstehung den Tod.

Die Diskussion findet ja nicht auf einem cineastischen Niveau statt, es geht auch nicht um Geschmacksfragen. Vielmehr schütten militante Atheisten ihre ideologische Häme aus, weil sie die Wahrheit der Christusbotschaft nicht ertragen können und die weltweite positive Reaktion unterschätzt haben.

Wenn Menschen sich auf die Erlösungsbotschaft einlassen, kommen sie in einen Gewissensnotstand. Je mehr sie die Botschaft an sich herankommen lassen, umso erlösungsbedürftiger fühlen sie sich. Und wenn sie ehrlich sind, spiegelt sich die dargestellte Grausamkeit der Menschen in ihren eigenen Herzen wider. Wer will schon diese entlarvende Erkenntnis wahrhaben. Das lässt die Selbstherrlichkeit des gottlosen Menschen nicht zu. Und davor haben Atheisten Angst, und sie müssen diesen Film verdammen, weil sie selbst auf der Anklagebank sitzen und Christus heute noch kreuzigen würden, um von ihrer eigenen Schuld abzulenken.

Wenn Gibson sich von Kulturredakteuren des „Spiegels" hätte beraten lassen, wäre daraus vielleicht ein Kunstwerk entstanden, das keinem Menschen geholfen hätte.

Wussow: *Ich habe mich lange gesträubt, mir „Die Passion Christi" anzuschauen. Die grausamen Szenen wollte ich mir ersparen, weil ich glaubte, sie nicht aushalten zu können.*

Dann hat mein Mann mich überredet. Der Film hat mich stark beeindruckt, auch wenn ich zeitweise meine Augen schließen musste, zum Beispiel als die Nägel durch Jesu Hände geschlagen wurden.

Vor Ergriffenheit habe ich geweint. Mein Gott, welch eine Riesenliebe, dass ein Mensch das alles aushält aus Solidarität zu uns; zur Erlösung für uns Menschen. Das so hautnah zu sehen hat mir die Sprache verschlagen. Als der Vorhang gefallen war, konnten wir nur noch schweigend nach Hause gehen.

„Nur die letzten zwölf Stunden im Leben Jesu – das ist doch nicht alles", sagen die Kritiker. Aber es war der Höhepunkt des Gekreuzigten und Auferstandenen.

Die Auferstehung war im Film sehr dezent dargestellt. So war es richtig. Alles andere wäre Hollywood-Kitsch gewesen. Er saß da, unversehrt, voller Leben. Als er aufstand, sah man nur seine Wundmale. Ein wunderbarer Mann ohne Schmerzen. Er war auferstanden nach Leib und Seele. Das Größte, was man sich vorstellen kann.

In dem Moment habe ich an meine Mutter gedacht. Sie sah so schön aus, als sie von ihren entsetzlichen Qualen erlöst war. Das war für mich ein ungeheurer Trost – die Hoffnung, die ich als Christ habe –, dass ich diesen Menschen einmal wieder sehen werde und ihn umarmen kann. Manchmal sehe ich meine Mutter vor mir – im Traum oder auch im Wachzustand.

Ein schandbarer Satz: „Mein Bauch gehört mir."

Diese Auferstehungshoffnung motiviert Sie wohl auch, nicht zu resignieren und sich für menschenwürdige Verhältnisse einzusetzen. Unerbittlich kämpfen Sie für das ungeborene Leben. Wie ist es dazu gekommen?
Wussow: *Ich bin Schirmherrin der Gesellschaft „ALfA (Aktion Lebensrecht für Alle)", die sich für den Schutz des ungeborenen Lebens einsetzt. Auf die Abtreibungsproblematik bin ich durch die Geschichte „Tim lebt" aufmerksam geworden. Tim ist ein ganz besonderer Mensch. Sein Geburtstag sollte sein Todestag sein. Der kleine Junge überlebte 1997 seine eigene Abtreibung. Die Ärzte haben dieses behinderte Kind anschließend bewusst zehn Stunden liegen lassen, ohne es zu versorgen. Dadurch verschlimmerte sich seine Behinderung. Aber Tim starb nicht; er wollte leben. Heute ist er fünf Jahre alt.*

Ich bin eine absolute Abtreibungsgegnerin, denn ich habe kein Recht der Welt, Leben zu zerstören. Das Leben beginnt mit der ersten Sekunde der Empfängnis und nicht erst nach zwei, drei oder vier Monaten.

Als Frau bin ich nur ein Gefäß. Das mir anvertraute Leben eines anderen Individuums darf ich acht oder neun Monate in meinem Leib bewahren. Und wenn ich es nach der Geburt nicht erziehen kann, muss ich es an andere Menschen abgeben, die es stellvertretend für mich tun.

Als Nikolaus in meinem Bauch war, kam die Fruchtwasserdiagnose, die feststellen soll, ob das Kind gesund sei, für mich nicht in Frage. Wäre es behindert gewesen, hätte ich es selbstverständlich angenommen. Dann wäre die Aufgabe größer gewesen als die Gabe. So viel Gottvertrauen muss man haben.

In den 70er-Jahren haben sich prominente Frauen – unter ihnen viele Schauspielerinnen – auf der Titelseite des „Stern" an den Pranger gestellt und bekannt: „Wir haben abgetrieben. Mein Bauch gehört mir." Glauben Sie wirklich, dass eine Frau so cool über eine Abtreibung hinwegkommen kann?

Wussow: *Die Idee „Mein Bauch gehört mir" ist wohl die schandbarste und schrecklichste, die je eine Frau gehabt hat. Die Leibesfrucht in meinem Bauch gehört nicht mir. Es ist eine eigenständige Persönlichkeit, auf die ich aufzupassen habe.*

Es ist ungeheuerlich, lautstark und frech zu propagieren: „Mein Bauch gehört mir und ich kann über Leben und Tod eines Menschen entscheiden." Solche so genannten emanzipierten Frauen haben ihr Rechtsempfinden und Verantwortungsbewusstsein verspielt.

Mein Kampf gegen Abtreibung löst unglaubliche Aggressionen aus. Ich kann mir nicht vorstellen, dass auch nur eine Frau, die abgetrieben hat, darüber glücklich ist. In meinem schauspielerischen Umfeld bin ich etlichen Kolleginnen begegnet, die über ihre Abtreibung todunglücklich sind und heute ohne Mann und Kind dastehen. Ich kenne eine Frau, die fünfmal abgetrieben hat und wohl irgendwann durchdrehen wird.

Fortell: *Man kann das Wort „Abtreibung" drehen und wenden, wie man will. Man tötet menschliches Leben. Aus. Unglaublich, wie man trotzdem von anscheinend toleranten Menschen verbal attackiert wird, die in Wirklichkeit null Toleranz gegenüber dem Leben haben.*

Sie bekommen Verbalrepressalien übergestülpt, wenn Sie dem herrschenden Zeitgeist in manchen Bereichen widersprechen, wenn Sie nicht konform gehen mit der vorgebeteten Feuilleton-Ansicht, auch wenn Sie es sachlich begründen. Sie sind zum Beispiel sofort ein Faschist, wenn Sie mit Teilen der abstrakten Kunst nichts am Hut haben, auch wenn Sie dafür Argumente vorbringen. Wehe, Sie greifen die vorherrschende Meinung an und sympathisieren nicht mit der Provokation des Zeitgeistes.

In Wien wohnt der bekannte Trendforscher Matthias Horx, der sich früher mal im Dunstfeld der Apo der 68er-Studentenrevolte aufhielt, sich inzwischen aber komplett gewandelt hat. Heute sagt er, es gäbe nichts Brutaleres, als die einmal gefestigten Bas-

tionen zu erschüttern. Anders Denkende werden verdammt. Wer traut sich heute noch, von der Kanzel herab gegen die Abtreibung zu predigen?

Früher in Rom wurden die Christen den Löwen vorgeworfen, heute dem „Spiegel".

In Hollywood Gott erlebt

Herr Fortell, seit fünf Jahren spielen Sie in der Fernsehserie „Schlosshotel Orth" eine Hauptrolle als Hoteldirektor.

In jungen Jahren haben Sie nach Ihrem abgeschlossenen Jurastudium zwei Jahren Theater in Wien gespielt und sind dann nach Hollywood gegangen. Warum?

Fortell: *Ich habe zehn Jahre in Kalifornien gelebt und damals viel international gearbeitet. Wie jeder Schauspieler hatte ich den Ehrgeiz, in Hollywood Karriere zu machen. Ich habe auch in Los Angeles gedreht. Da gab es allerdings eine finanzielle Durststrecke, die aber für meinen christlichen Glauben ganz wichtig war.*

Ich wollte es um jeden Preis aus eigener Kraft schaffen: eine Traumrolle in Hollywood. Zweimal stand ich kurz davor.

Ich sollte eine der Hauptrollen für die weltweit bekannte Fernsehserie „Dynasty" bekommen. Von tausend Bewerbern blieben am Ende zwei Schauspieler übrig: ein Blonder – ich – und ein Schwarzhaariger. Meinen Vertrag hatte ich schon fast in der Tasche, aber die allerletzte Entscheidung war noch nicht gefallen. Ich hatte alle Prüfungen bestanden und ich sprach akzentfrei Englisch. Vier Wochen voller Bangen und Hoffen. Und dann platzte die Bombe. Man entschied sich für den Schwarzhaarigen, weil die Filmpartnerin schon blond war. Ich fühlte mich wie ein Sprinter im olympischen Endlauf, der am Ende die erhoffte Goldmedaille nicht verliehen bekam, weil er nur als Zweiter das Ziel erreichte. Hätte ich die Rolle bekommen, wäre für mich in den USA bestimmt vieles anders gelaufen. Vor allem hätten sich meine damaligen finanziellen Probleme in Luft aufgelöst.

Wie sind Sie mit dieser niederschmetternden Mitteilung fertig geworden?

Fortell: *Es war kurz vor Weihnachten. Ich lag wie gelähmt auf der Couch in meiner Wohnung in Los Angeles und konnte vor Enttäuschung nur noch heulen.*

In meiner Verzweiflung bin ich in eine Kirche geflüchtet. Dann passierte etwas Merkwürdiges. Wie durch ein Wunder fiel der ganz Frust und Gram unversehens von mir ab. Plötzlich konnte ich Gott sogar dafür danken, dass er mich an diesen stillen Ort geführt hatte. Meine unvorstellbaren Enttäuschungen lösten sich in Wohlgefallen auf.

In diesem Moment fragte ich mich, was Menschen in meiner verzweifelten Situation machen würden, wenn nicht Gott in ihr Leben eingriff. Vielleicht wären sie alkohol- oder drogensüchtig geworden.

Sie haben mir gerade Ihr Buch „Alles für den Sieg" (Brunnen Verlag, 1996) geschenkt. Auf dem Titelbild ist der neunfache Olympiasieger Carl Lewis abgebildet, den Sie auch interviewt haben. Wie reagiert ein erfolgsgewohnter Wettkampfsportler, wenn er den Olympiasieg schon vor Augen hat und kurz vor der Ziellinie zu Fall kommt?

In einer ähnlichen Situation hat Carl Lewis gesagt: „Sport ist für mich immer sehr wichtig gewesen. Aber ich wusste, dass ich einen Halt brauchte, der mir mehr bedeuten würde als Sport. Und das ist mein Glaube an Jesus Christus, dem ich meine Lebensführung übergeben habe ..."

Fortell: *Bei mir ist auch das geschehen, was so kompliziert und doch so einfach zugleich ist: in solchen ausweglosen Situationen den Weg des Vertrauens zu finden. Oft geht es nicht ohne Umwege. Aber wenn Gott auf dem Weg des Vertrauens gefunden wird, relativiert sich einfach alles. Dann wird alles andere zweitrangig, auch meine Schauspielerkarriere.*

Die größte Verlegenheit des Menschen ist der Tod, manchmal Gottes Gelegenheit, um den verzagten Menschen auf sein Heil aufmerksam zu machen.

Ich erinnere mich an den Tod meines Vaters, den ich sehr geliebt habe. Nach seinem zweiten Herzinfarkt ist er mit 72 Jahren zu Hause gestorben. Meine Frau und ich haben uns von ihm auf seinem Totenbett verabschiedet. Es war unfassbar, dem eigenen geliebten Vater in die toten Augen zu schauen.

Und trotzdem sage ich Ihnen, was für viele Menschen nicht

nachvollziehbar ist: Wenn Sie mich nach den wichtigsten und emotionalsten Momenten in meinem Leben fragen, die ich nicht missen möchte, waren es zwei tief greifende Erlebnisse: einmal die Geburt meines Sohnes und zum anderen der Moment, in dem ich meinen toten Vater in meinen Armen hielt. Wir kamen gerade von einer Geburtstagsfeier in Kitzbühel. So dicht liegen Freud und Leid oft beieinander.

Das Bild, das sich mir in der Wohnung meiner Eltern bot, werde ich nie vergessen. Meine Mutter, die mit meinem Vater 50 Jahre verheiratet war, saß da wie gelähmt. Auf einem Tisch stand eine brennende Kerze neben dem Kruzifix.

In dem Augenblick, in dem ich mich über meinen Vater beugte, habe ich absolut Gottes Nähe gespürt. Ich bin ein ganz rational denkender Mensch, aber der Glaube an Gott ist für mich die größte Realität. Der Tod meines Vaters und die Geburt meines Kindes waren für mich wie ein göttlicher Knalleffekt. Da habe ich gespürt: Jetzt bist du – so auf dich allein gestellt – nur ein Häufchen Elend. Aber mein Gottvertrauen macht mich stark. Ohne ihn bin ich nichts. Mit ihm bin ich alles.

Natürlich war ich traurig über den Heimgang meines Vaters. In den folgenden Nächten habe ich geweint und kaum geschlafen. Aber als wir meinen Vater beerdigten und der Sarg ins Erdreich gesenkt wurde, schaute ich ins Grab. In dem Augenblick erfüllte mich eine tröstende Kraft und mein kleiner Horizont erweiterte sich. Ich dankte Gott für meinen Vater und mir war völlig klar: Wir werden uns einmal bei unserm gemeinsamen himmlischen Vater wieder sehen. Als Intellektueller kämpfe ich natürlich auch immer wieder mit der Spekulation über den „Gottesbeweis“, wenn etwa der Zeitgeist uns seit der Aufklärung zuraunt: Nur das empirisch Messbare gilt und unser Leben spielt sich irgendwie im Rahmen der „Einser und Nullen“ ab, um in der Computersprache zu sprechen.

Schwamm drüber – bei der Geburt meines Sohnes und beim Tod meines Vaters habe ich etwas anderes erfahren und bin noch heute davon erfüllt. Jeder, der die Gnade dieser Erfahrungen nicht machen kann und im Dickicht des „aufgekärten Bla-Blas“ am Tellerrand hängen geblieben ist, tut mir aufrichtig Leid.

Eine Glückswelle durchströmte mein Leben

Mijou Kovacs, *internationale Theater-, Film- und Fernsehschauspielerin aus Österreich*

Nach meinem Gespräch mit dem Schauspielerehepaar Barbara Wussow und Albert Fortell traf ich mich am Nachmittag mit Mijou Kovacs zu einem Interview. Die österreichische, international bekannte Schauspielerin hat unter anderem schon in London, Paris und Wien zahlreiche Hauptrollen gespielt. Vor allem spielte sie historische Frauenfiguren, die für ihre Überzeugungen ihr Leben einsetzten, wie zum Beispiel Jeanne d'Arc (Johanna von Orléans), Maria Stuart, Nora und Berta von Suttner. Ihren künstlerischen Durchbruch hatte sie mit der Rolle Elisabeths von Ritter an der Seite von Curt Jürgens. In Deutschland ist sie unter anderem durch ihre Rollen in TV-Serien wie „Tatort“ und „Derrick“ bekannt geworden.

Frau Kovacs, Sie stehen nicht nur auf der Theaterbühne und vor Filmkameras, sondern engagieren sich auch in der katholischen Kirche. Sehr bekannt sind Ihre Lesungen im Wiener Stephansdom. Haben Sie auch einen katholischen familiären Hintergrund?

Ich bin in Wien als Kind einer französischen Mutter mit Hang zu den christlichen Mystikern und eines traditionell religiös gefärbten österreichischen Vaters groß geworden.

Irgendwann im Alter von zwölf Jahren weigerte ich mich dann, in die Messe zu gehen und mich firmen zu lassen. Jahrelang war ich eine große Anhängerin von Friedrich Nietzsche, der es aufgegeben hatte, Gott zu suchen und am Ende lautstark dessen Tod proklamierte. Beschwörend erhob er seine Hände gegen Gott, um sich an seine Stelle zu setzen. In seinem Werk „Die fröhliche Wissenschaft" lässt Nietzsche in schonungsloser Offenheit in sein Inneres schauen:

„Es gibt für dich keinen Vergelter, keinen Verbesserer letzter Hand mehr. Es gibt keine Vernunft in dem mehr, was geschieht, keine Liebe in dem, was dir geschehen wird. Deinem Herzen steht keine Ruhestatt mehr offen, wo es nur zu finden und nicht mehr zu suchen hat. Du wehrst dich gegen irgendeinen letzten Frieden. O Mensch der Entsagung. In alledem willst du entsagen."

Dem deutschen Philosophen ist die Religion von seinem Vater genauso verhunzt worden wie mir von manchen Religionslehrern und Priestern. Deshalb habe ich mich von der Kirche abgewandt. Darüber sind viele Jahre vergangen.

Im Zeitraum von 1989 bis 1990, in den die Wende fiel, habe ich „Frau Marie Grubbe" nach dem gleichnamigen Roman von Jens Peter Jacobsen gespielt. Die anderthalbjährigen Dreharbeiten zu diesem Film entwickelten sich zu einem wachsenden Albtraum. Für diese Rolle musste ich mich auch gefühlsmäßig in die Romanheldin hineinversetzen und diese Frau von ihrem 18. bis zum 80. Lebensjahr darstellen. Dabei drehten wir auch in Dänemark und in vielen Ostblockstaaten. Die Arbeit mit dem Regisseur und Kameramann wurde immer unerträglicher. Dabei stand und fiel der Film mit meiner Person. Ich musste alles geben. Meine Kraft schwand von Woche zu Woche. Ständig traten meine Schauspielerkollegen mit der Bitte an mich heran, ich möge sie aus der DDR herausholen. Dabei erzählten sie mir furchtbare Geschichten darüber, wie unglücklich sie seien. Diese anstrengenden the-

rapeutischen Gespräche sowie das negative Arbeitsklima wurden für mich zum Ende hin unerträglich. Als ich nach Wien zurückkehrte, war ich seelisch und körperlich völlig ausgebrannt.

Irgendwie zog es mich in die kleine katholische Kirche in Sievering im 19. Wiener Bezirk. Ich setzte mich in die Kirchenbank und schaute auf das ewige Licht im Altarraum. Ich wollte einfach still dasitzen. Vor meinem inneren Auge tauchte zum ersten Mal in meinem Leben das schwarze Loch auf. Früher hatte ich damit kokettiert, denn ich fand das Absurde aufregend, es war so verwegen und kühn. Jetzt aber schaute ich in den Abgrund und schmeckte das unheimliche schwarze Loch, von dem so manche Dichter sprachen, auf meiner Zunge. Und jetzt war auch ich dort gelandet. Ich saß nur da und konnte nicht weinen. Ich war völlig erstarrt und ohne Gefühle.

Der von Ihnen zitierte Friedrich Nietzsche hat einmal gesagt: „Je mehr du in den Abgrund starrst, umso mehr starrt dich der Abgrund selber an."

Der Abgrund hat mich tatsächlich angeschaut. Was passierte da mit mir und was sollte ich tun? Mein Zustand wurde mir immer bedrohlicher.

Ich sagte zu mir: Jetzt wirst du wohl einen Arzt anrufen müssen. Aber wen? Und vor allem: Was wird er mit dir tun und was hat er mit dir vor? Tabletten verordnen? Ein entsetzlicher Gedanke ...

„ER existiert"

Auf einmal stieg eine Welle in mir hoch. Ich fragte mich: Ja, was ist das? Ich bekam Angst. Die Welle erfasste meinen Körper. Ein nie gekanntes Glücksgefühl durchströmte mich. Du bist doch unglücklich; du darfst doch nicht glücklich sein. Das gibt es doch gar nicht, redete ich mir ein und versuchte, diese mächtige Glückswelle mit aller Gewalt zurückzudrängen. Aber die Welle war stärker als ich und schwemmte alles Negative in Sekundenschnelle von meinem Hirn weg!

Ich trat ins Freie: „ER existiert", war der Satz, der in diesem Moment auftauchte und mich bis heute mit unverrückbarer Gewissheit begleitet.

Das erinnert mich an Andre Frossard, einen hoch geschätzten Journalisten aus Paris, der ein ähnliches Erlebnis hatte und darüber einen Bestseller mit dem Titel „Gott existiert – Ich bin ihm begegnet" geschrieben hat. Kennen Sie dieses Buch?
Ja, bei mir war es so ähnlich wie bei ihm. Das Buch habe ich erst nach diesem Erlebnis gelesen. Bei ihm kam der warme Goldregen wie von oben, bei mir kam er bahnbrechend von innen herauf.

Hätte Gott mir zu viel gegeben, wäre ich umgefallen. Das hätte ich nicht ertragen. Wäre es weniger gewesen, hätte ich nicht geglaubt. Seine Dosierung war genau richtig. So konnte ich sie gerade noch aushalten. Welch ein Gespür.

„Christus macht alles neu in mir"

Was ist danach geschehen?
Nach diesem Gotteserlebnis bin ich nach Paris gegangen und in die neue Welt des christlichen Glaubens eingetaucht. In den folgenden zehn Jahren habe ich alles aufgesogen, was den christlichen Glauben betrifft; denn als langjährige Atheistin hatte ich einen enormen Nachholbedarf. Ich besuchte viele charismatische Gottesdienste, wo Gottes Geist gegenwärtig war und Menschen durch die Wirkung des Heiligen Geistes nach Leib und Seele gesund wurden.

Und auch mein Intellekt wollte genährt werden: Ich besuchte die berühmte „Ecole Cathedrale", um mich mit der Theologie zu befassen. Es war alles höchst aufregend und stimulierend.

Meine Begeisterung für Gott hat mir geholfen, mein falsches Gottesbild auszulöschen, dem ich aufgesessen war. Ich hatte lange Zeit geglaubt, Gott hätte mich in seiner Gewalt, und dies löste bei mir ganz tief in der kindlichen Seele, die jeder in sich trägt, Schrecken aus. Daher war mein Atheismus als Abwehr nur eine natürliche Folge gewesen.

Jetzt weiß ich, dass Christus es gut mit mir meint und mich heilen will.

Therapien können notfalls helfen, schwarze Flecken in der Seele aufzudecken und sie uns bewusst zu machen. Aber Schuld und auch das Erkennen, falsch getragene Schuld abgeben und Heilung erfahren zu können, konnte mir nur Christus schenken, wie der Apostel Paulus es sagt: „Wenn also ein Mensch zu Christus gehört, ist er schon ‚neue Schöpfung'. Was er früher war, ist vorbei; etwas ganz Neues hat begonnen" (2. Korinther 5,17).

Mein Pfarrer und Seelsorger, Johann Koller, sagt immer: „Nicht ich mache, sondern Christus macht alles neu in mir."

Sie erwähnen Ihren Seelsorger, der wohl auch Ihr Beichtvater ist. Was hat die Beichte Ihnen auf dem Weg zu Ihrem neuen Leben bedeutet?
Für mich war es ganz wichtig, zu einem Priester zu gehen und ihm etwas von mir preiszugeben in dem Wissen, dass Gott mir durch diesen Menschen den Weg in die Freiheit zeigt. Die erste Beichte hat mich erschüttert. Zum ersten Mal habe ich mein Herz geöffnet und nur gestammelt. Ich kam mit meinen eigenen Worten nicht zurecht, weil ich den Schutt in meiner Seele kaum mit Worten beschreiben konnte.

Auch in Paris gab es einen wunderbaren Priester im „Notre Dame", der mir half. Dieser Mann nahm sowohl Prostituierte als auch Diplomaten an sein Herz. Zu mir hat er bei unserer ersten Begegnung gesagt: „Tun Sie sich nicht weh und bleiben Sie ganz ruhig und still." Es war eine heilige Atmosphäre und er hat so viel Güte ausgestrahlt, dass ich durch ihn Gottes Gegenwart spürte und mich geborgen fühlte.

Die Tragik gottloser Philosophen

Wie beurteilen Sie rückblickend die trostlose Lebensphilosophie, der Sie ein ganzes Jahrzehnt verfallen waren?
Auf den ersten Blick hört es sich für einen jungen Menschen spannend an, wenn ihm gesagt wird: „Du wirst hinausgeworfen ins ungewisse Leben, ins Absurde. Dein Ende musst du dir selbst denken." So muss ein Mensch ohne Gott denken und handeln. Er wird sich selbst und anderen zur Hölle. Friedrich Nietzsche hat es treffend formuliert: „Ohne Gott stirbt die Liebe." Das ist eine logische Schlussfolgerung. Nietzsche war wie ich ein hochsensibles Kind, das spürte, was nicht stimmte. Als Achtjähriger hat er seinen Vater, der evangelischer Pastor war, gefragt: „Vater, ist Gott auch für mich allein da?" Sein Vater antwortete mit einem schallenden Gelächter. Friedrich Nietzsche gestand: „In diesem Au-

genblick ist die Blasphemie, die Gotteslästerung, unwiderstehlich in mir geboren." Welch eine Tragik! Wo kein Gott ist, gibt es letztlich auch keine Hoffnung und bleibende Sinnerfüllung.

Ich finde es schlimm, wenn Dichter und Filmemacher dieses schwarze Loch sowie den Mut zur Verzweiflung auch noch glorifizieren, wie es unter anderem der französische Philosoph Jean Paul Sartre getan hat. Welch ein fast krimineller Hochmut.

„Er stellte meine Füße auf einen Fels"

Ähnlich wie Friedrich Nietzsche erging es dem atheistischen Existenzphilosophen Jean Paul Sartre. Als Kind sehnte er sich nach einem liebenden Gott. Aber sein Großvater, bei dem er aufwuchs, stellte ihm Gott als einen seelenlosen Oberbefehlshaber vor, von dem er sich enttäuscht abwandte. In seiner Lebensbiographie „Die Wörter" schreibt er: „Ich habe den heiligen Geist im Keller geschnappt und ausgetrieben. Nun gleiche ich einem Menschen, der mit seinem Leben nichts mehr anzufangen weiß."

Vor Ihrer Bekehrung fühlten Sie sich von diesen tragischen Philosophen angezogen und schauten mit ihnen in die abgründige Schlucht der Sinnlosigkeit, des Unheimlichen und Absurden.

Als Ihnen die Augen für Gottes Güte geöffnet wurden, fiel es Ihnen wie Schuppen von den Augen und Sie erkannten Ihre Verlorenheit. Das erinnert mich an den 40. Psalm in der Bibel. Da betet der Psalmist:

„Er (der Herr) neigte sich zu mir und hörte mein Schreien. Er zog mich aus der grausigen Grube, aus lauter Schmutz und Schlamm, und stellte meine Füße auf einen Fels, dass ich sicher treten kann; er hat mir ein neues Lied in meinen Mund gegeben, zu loben unsern Gott. Das werden viele sehen und sich fürchten und auf den Herrn hoffen. Wohl dem, der seine Hoffnung setzt auf den Herrn und sich nicht wendet zu den Hoffärtigen und denen, die mit Lügen umgehen" (Psalm 40,1–5; Luther).

Meine Hofnarrenrolle in einer pluralistischen Gesellschaft

Professor Gerhard Tötschinger, *Schauspieler, Oberspielleiter, Intendant, TV-Drehbuchautor und Schriftsteller, langjähriger Lebensgefährte von Christiane Hörbiger, der First Lady der deutschsprachigen Schauspielkunst.*

Im Wiener Kaffeehaus an der St.-Michael-Kirche treffe ich nach meinen Gesprächen mit Barbara Wussow, Albert Fortell und Mijou Kovacs am Spätnachmittag den 57-jährigen Wiener Allroundkünstler Professor Gerhard Tötschinger.

Wir sitzen draußen am Kaffeetisch. Nostalgische Gedanken steigen jedes Mal in mir auf, wenn ein Fiaker nach dem anderen dicht an uns vorbeifährt. Gerne wäre ich auch mal eingestiegen.

Herr Professor Tötschinger, würden Sie sich bitte kurz vorstellen?

Begonnen habe ich meinen beruflichen Weg als Schauspieler, mit 27 Jahren habe ich dann die Seiten gewechselt und begonnen, Regie zu führen. 30 Jahre lang war ich als Oberspielleiter, als Intendant an verschiedenen Theatern und als Festival-Chef tätig. Augenblicklich schreibe und gestalte ich Fernsehsendungen für verschiedene Produzenten. Ich bin jetzt 57 Jahre alt und schreibe unter anderem kulturhistorische Bücher.

Als 32-Jähriger hatte ich das Gefühl, dass Religion nicht mehr aktuell ist. Da ich zum lieben Gott immer ein gutes Verhältnis hatte, gefiel mir das gar nicht. Da habe ich angefangen, kämpferisch zu sagen, was ich denke – was meiner Karriere nicht besonders genützt hat. Aber verhungert bin ich auch nicht.

In Theaterkreisen, im Film und Fernsehen wurden moralische und religiöse Werte schon vor 30 Jahren belächelt. Heute noch viel mehr. Wann begreift unsere säkulare Gesellschaft endlich, dass sie nicht nur ein von Musikantenstadl, Fernsehquote, Gewinnmaximierung und Halbtagsunsinn geprägtes Dasein führen kann? Die Entwertung des Alltags ist keine Lösung.

In unserer Zeit ist das Wort „Gutmensch" zu einem Schimpfwort geworden. Kaum ist jemand anständig, machen sich die Leute über ihn lustig und sagen, er sei ein Gutmensch. Wer Gott verleugnet, lebt jenseits von Gut und Böse.

Die Sehnsucht nach Gott kann nie sterben

Gottlosigkeit führt zur Orientierungslosigkeit und letztlich zur Wertlosigkeit. Die Sehnsucht nach dem ganz anderen, wie es der Soziologe Max Horkheimer einmal ausgedrückt hat, ist ungestillt geblieben. Kann diese Sehnsucht sterben?

Es ist die Sehnsucht nach Gott, die nie sterben kann. Wenn bei uns in Europa die Frage diskutiert wird, ob wir uns zu einem glaubenslosen Kulturraum entwickeln, dürfen wir nicht vergessen, dass das Christentum auf den Kontinenten Asien, Amerika und Afrika zur gleichen Zeit in manchen Regionen geradezu explodiert.

Ich stelle mir vor, die ganze Welt liegt in einem großen Bett unter einer einzigen Steppdecke. Wenn ich die Decke nach oben ziehe, wird das untere Ende freigelegt. Mal ist die eine und mal die andere Seite zugedeckt. So gibt es auch weltweite Wellen der Glaubensbewegungen.

Diese Beobachtung habe ich tatsächlich auf allen drei von Ihnen genannten Kontinenten gemacht. Im buddhistischen Seoul besuchte ich zum Beispiel die Full Yoida Gospel Church, die jeden Sonntag fünf Gottesdienste mit jeweils 45.000 Besuchern feiert. In Singapur überlegen evangelische und katholische Chinesen ernsthaft, ob sie Missionare nach Europa schicken sollen.

Christen in Europa haben keinen Grund, mutlos zu werden. Der Apostel Paulus bezeichnete sich als „Narr um Christi willen". Die Hofnarren im Mittelalter waren die einzigen Volksvertreter, die es wagten, Kaisern und Königen die Wahrheit zu sagen. Man belächelte und bewunderte sie zugleich. Diese Funktion sollten Christen in unserer Zeit wieder übernehmen und sich zu Gott und seinen Geboten bekennen.

Ich stelle mich lieber auf die Seite des heiligen Petrus, der „Gott [...] mehr gehorchen [wollte] als den Menschen" (Apostelgeschichte 5,29), als auf die Seite des Kulturreferenten, der es dann mit der Angst zu tun bekommt. Zu den Klassikern in meinem Bücherschrank gehört das Buch „Zivilcourage" von John F. Kennedy, in dem dieser Menschen vorstellt, die ohne Ansehen der Person um der Gerechtigkeit willen gegen den Strom geschwommen sind. Meine Motivation zum gesellschaftlichen Engagement kommt aus dem christlichen Glauben heraus.

Wenn man mich fragt, warum ich mich für manche Anliegen – nicht nur in Wien – so sehr einsetze, antworte ich, dass ich einmal mit gutem Gewissen vor Gott Rechenschaft ablegen können will.

Zehn Jahre lang (von 1978 bis 1988) habe ich als Showmaster die beliebteste Fernsehsendung Österreichs, das „Quiz in rot und weiß" gemacht. Unmittelbar vor meinen Fernsehauftritten habe ich nicht gesagt: „Hoffentlich bin ich gut", sondern: „Lieber Gott, benütze mich jetzt und lass mich deine Gedanken transportieren."

Wenn die göttliche Perspektive verschwindet

Unser Gespräch soll in einem Buch abgedruckt werden, das den Titel trägt: „Hinter den Kulissen ist Gott nicht tabu". Das haben Sie gerade bezeugt. Ich würde gerne noch einmal auf das Verschwinden der göttlichen Perspektive in unserer Gesellschaft zurückkommen. Wie äußert sich diese Tabuisierung beispielsweise in der Kunst?

Dabei fällt mir das Verschwinden von Gott aus dem Tafelbild ein. In der bildenden Kunst versteht man unter einer Plastik ein dreidimensionales Bildwerk. Ein Beispiel ist der Wagenlenker von Delphi, eine komplett nach allen Richtungen hin gestaltete Figur. Alle mittelalterlichen Statuen wurden rundherum gestaltet. Im Frühbarock wurde bereits die Hinteransicht vernachlässigt. Im weiteren Verlauf der Zeit wurde die Hinterseite dann überhaupt nicht mehr ausgeformt. Irgendwann wurde sie flach und schließlich hohl, damit man sie leichter aufhängen oder transportieren konnte. Warum?

Der Wagenlenker von Delphi und die mittelalterlichen Figuren waren der Gottheit geweiht. Gott sieht sie von allen Seiten, von vorne und hinten. Diese göttliche, dreidimensionale Perspektive ist zugunsten der eindimensionalen Vorderansicht des Menschen verschwunden. Der Psalmsänger konnte noch beten: „Von allen Seiten umgibst du mich" (Psalm 139,5). Die großen Meister unserer Zeit haben für das darstellende dreidimensionale Bildwerk keine Antenne mehr.

Der Philosoph Herbert Marcuse spricht vom eindimensionalen Menschen der Postmoderne. In seinem Buch „Der Gotteskomplex" beschreibt der Psychoanalytiker Horst Eberhard Richter die Demontage des „allmächtigen" Gottes des Mittelalters bis in die Neuzeit und Postmoderne hinein. Der von Gott losgelöste Mensch müsse seine Ohnmachtsgefühle durch Allmachtsphantasien kompensieren, indem er sich wie ein Gott aufspielt. Da er mit seiner Schuld nicht fertig wird, weil er keine Vergebung kennt, macht er andere zum Sündenbock.

Friedrich Nietzsche feierte den Tod Gottes und sprach vom Raubtiergewissen des Übermenschen. Menschlichkeit ohne Göttlichkeit führt zur Bestialität. (Genau

heißt es: „Humanität ohne Divinität führt zur Bestialität.")

Nietzsche propagierte auch die „Umwertung aller Werte". Heute erleben wir den Ausverkauf christlicher Werte. Was ist gut, was ist schlecht? Es ist vollkommen egal. Du kannst machen, was du willst. Alles wird gleichgültig, wertlos und damit sinnlos. Das ist unfassbar.

Der Wiener Psychologe Viktor Frankl spricht von einem existenziellen Vakuum des sinnentleerten Menschen, in dem der Wille zur grenzenlosen Macht und der Wille zur hemmungslosen Lust wuchern. In diesem Sinn ist sowohl der Wille zur Macht wie auch der Wille zur Lust eine Form des Materialismus.

In meinen Gesprächen mit Viktor Frankl, dem weltbekannten Gründer der Logotherapie, betonte dieser immer wieder, der Wille zur Macht und der Wille zur Lust träten eigentlich erst in Erscheinung, wo der Wille zum Sinn frustriert sei. Und mit der Sinnfrage komme die Gottesfrage ins Spiel. Die vertikale göttliche Dimension kreuzt die horizontale menschliche Dimension. An diesem „Kreuz" kommt der nach bleibendem Sinn suchende Mensch nicht vorbei. Durch sein Erlösungswerk am Kreuz macht Gott aus dem Minus ein Plus und wertet somit den Menschen auf. Vorhin haben wir über die Entwertung des von Gott losgelösten Menschen gesprochen. Ein Christ weiß sich von Christus aufgewertet und wertet auch seinen Mitmenschen auf – sogar seinen Feind. Jesus betete am Kreuz: „Vater, vergib ihnen! Sie wissen nicht, was sie tun" (Lukas 23,34).

Hinter Ihrem Rücken erstrahlt in der Abendsonne die St. Michael-Kirche, in der ich in wenigen Minuten an einer Feier teilnehmen muss. Neben der Kirche sehen Sie das Schwert vom heiligen Michael und ein wunderschönes hochbarockes Haus. Im dritten Stockwerk hat der berühmte Wiener Komponist Joseph Haydn (1732–1809) gewohnt – ein sinnlicher und sinnvoller Mensch, der sowohl auf das Diesseits als auch auf das Jenseits ausgerichtet war.

Hier hat er am Ende seines Lebens unter anderem das Passionsoratorium geschaffen, das sich um die sieben Worte des Erlösers am Kreuz dreht:

„Vater, vergib ihnen! Sie wissen nicht, was sie tun" (Lukas 23,34).

„Ich versichere dir, du wirst noch heute mit mir im Paradies sein" (Lukas 23,43).

„Frau, siehe, das ist dein Sohn! [Sohn,] siehe, das ist deine Mutter!" (Johannes 19,26-27; Luther)

„Mein Gott, mein Gott, warum hast du mich verlassen?" (Matthäus 27,46)

„Ich habe Durst!" (Johannes 19,28)

„Es ist vollbracht" (Johannes 19,30; Hoffnung für alle).

„Vater, ich gebe mein Leben in deine Hände!" (Lukas 23,46)

Der Orchesterdirektor leitet alles

Ich verabschiedete mich von Gerhard Tötschinger und bestaunte auf einer Parkbank die historischen Bauten der Wiener Altstadt. Nur wenig später würde mein Nachtzug zurück nach Deutschland fahren.

Die letzten Sonnenstrahlen huschten über die prunkvolle Wiener Hofburg, dem Herrschaftssitz des letzten österreichischen Kaisers Karl. Hier ist Otto von Habsburg aufgewachsen, über den mein letzter Gesprächspartner Gerhard Tötschinger ein bemerkenswertes Buch geschrieben hat.

Im Rückblick auf die heutigen Wiener Glaubensgespräche ließ ich noch einmal die letzten Sätze auf mich wirken, die mir der 90-jährige Kaisersohn Ottos von Habsburg in einem Interview gesagt hat: „Wir leben ja in einer Zeit, in der die Feigheit vor dem christlichen Glauben um sich gegriffen hat, weil wir keine fixen Prinzipien mehr haben und innerlich verankert sind. Der Anker ist verloren gegangen. Wer keinen festen Standpunkt hat, kann es sich nicht leisten, sich stürmischen Wellen auszusetzen.

Ohne Orientierungspunkt und Halteleine treibt man auf dem Meer der Sinn- und Hoffnungslosigkeit dahin. Als Christ weiß ich mich von Christus gehalten. Ich weiß, worauf es schließlich ankommt. Sieg und Niederlage sind in Gottes Hand. Es ist meine Pflicht, das Beste aus meinem Leben zu machen und es vor Gott und Menschen zu verantworten.

Der Glaube an Gott gibt mir eine innere Sicherheit und die Erkenntnis: Es kann letztlich nichts schief gehen. Bei dieser christlichen Glaubenshaltung kann ich kein Pessimist sein. Ich bin in Amerika wiederholt Albert Einstein begegnet. Am Ende seines Lebens sagte er: ‚Durch meine jetzige Forschung bin ich zu der Erkenntnis gekommen, dass hinter der materiellen Welt, in der wir leben, ein Orchesterdirektor steht, der alles leitet und unser Gutes will. Diese Erkenntnis gibt mir ein unglaubliches Glücksgefühl.'"

Sir, ich stehe vor der Tür und klopfe an

Sir Cliff Richard, *„dienstältester" Rock'n'Roll- und Popsänger*

Das Phänomen Cliff Richard ist in der Rock'n'Roll- und Popgeschichte unübertroffen. Er ist Großbritanniens populärster und beständigster Sänger.

Hier einige Superlative: Sir Cliff Richard ...

- wurde als erster britischer Sänger von Königin Elisabeth II. wegen seines sozialen Engagements geadelt.
- ist weltweit der dienstälteste Rock'n'Roll-Star.
- hatte in jedem der vergangenen fünf Jahrzehnte im Rock- und Popland Großbritannien mindestens eine Nummer Eins in der Hitparade.
- kam 1999 ins Guinnessbuch der Rekorde als erfolgreichster United Kingdom Act aller Zeiten vor Elvis Presley.

- hat fünf Jahrzehnte nach Beginn seiner Karriere bis 2004 die meisten Singels in Großbritannien verkauft.
- wurde von allen 5.000 repräsentativ befragten Engländern weltweit als der bekannteste Christ genannt. Mutter Teresa bekam 4.900 und der Papst weit abgeschlagen 1.550 Stimmen.
- wurde wiederholt zum vorbildlichsten Popstar gewählt.

Auf meine Frage, was es ihm bedeute, bereits Ende der 80er-Jahre als der bekannteste Christ zu gelten, meinte er: „In dieser Umfrage wurde nur nach dem Bekanntheitsgrad gefragt und nicht nach der Qualität des Glaubens. Natürlich freue ich mich über diese Wahl, weil ich als begeisterter Christ Christus bekannt machen will. Aber mein großes Vorbild ist Mutter Teresa, die ich oft in Kalkutta besucht habe. Wer ihr begegnet ist, kann Jesus leichter verstehen."

Das Pappidol im Kinderzimmer

Bereits Anfang der 70er-Jahre beschworen 40.000 Fans Cliff Richard in der Jugendzeitschrift Bravo, Sänger zu bleiben und nicht Religionslehrer zu werden. Damals schwärmten auch meine Töchter, die vierjährige Regina und die sechsjährige Susanne, für den britischen Popstar. Als ich meinen Berufsschülern im Religionsunterricht davon berichtete, schenkten sie mir einen Starschnitt von Cliff Richard in Lebensgröße, den sie aus der Bravo ausgeschnitten und zusammengeklebt hatten: Cliff singt zur Gitarre. Auf den ersten Blick habe ich damals geglaubt, er stünde leibhaftig vor mir.

Also schmuggelte ich das Pappidol in unser Kinderzimmer, schaltete das Tonbandgerät an und ließ Cliff zur Gitarre singen. Derweil spielten Susanne und Regina im Wohnzimmer.

„Cliff ist gerade zu Besuch gekommen", sagte ich ihnen mit gespielter Aufregung.

Die Mädchen konnten ihn schon von weitem singen hören und so steuerten sie ein wenig ängstlich auf ihr Kinderzimmer zu, dessen Tür einen Spalt breit offen stand. Sie konnten bereits von draußen eine schemenhafte Gestalt sehen und so schoben sie schließlich die Tür weiter auf. Als sie jedoch dem Pappidol gegenüberstanden, war ihre Enttäuschung riesengroß.

Fünfzehn Jahre später war Cliff Richard wieder einmal auf Deutschlandtournee und ich der einzige Journalist, der ihn interviewen durfte. Meine inzwischen 20-jährige Tochter Regina wollte natürlich unbedingt dabei sein. Als wir dann dem Popidol aus Fleisch und Blut in seiner Hotelsuite gegenüberstanden, blieb Regina – ganz anders als beim Kinderzimmerauftritt des Pappidols – ziemlich cool. Am Ende unseres anderthalbstündigen Gesprächs unter sechs Augen ging Cliff noch einmal ganz spontan auf Regina zu, umarmte und küsste sie. Ich glaube, da hat ihr Herz dann doch für einen ganz kleinen Augenblick in Flammen gestanden.

Regina Klempnauer, Cliff Richard und Günther Klempnauer

Inzwischen ist Cliff Richard 63 Jahre alt und immer noch Junggeselle. Der immer wieder aufgestellten Behauptung, dass er wohl homosexuell sei, hat Cliff auch in den Begegnungen mit mir heftig widersprochen. Anfang der 60er-

Jahre hätte er mit der Schauspielerin Una Stubbs eine Liebesbeziehung gehabt, die aber nicht gehalten habe.

„Als Christ lehne ich außerehelichen und homosexuellen Sex ab. Ich kenne viele unverheiratete Männer und Frauen, die auch ohne körperliche Liebe glücklich sind", sagte er mir einmal. „Viele Reporter wollen es nicht wahrhaben, dass ich enthaltsam lebe, weil es für sie unvorstellbar ist. Aber das ist nicht mein, sondern ihr Problem. Ich bin jedenfalls glücklich und zufrieden. Im Übrigen war der Apostel Paulus auch nicht verheiratet und trotzdem nicht frustriert."

Die englische Antwort auf Elvis Presley

Wer fast ein halbes Jahrhundert lang weltweit ununterbrochen auf einer musikalischen Erfolgswelle schwimmt, kann zumindest als Sänger nicht frustriert sein.

Bevor Cliff „die englische Antwort auf den amerikanischen Rock'n'Roll-König Elvis Presley" (Sunday Times) wurde, machte er als Harry Webb, geboren am 14.10.1940 in Lucknow, einer Vorstadt von Kalkutta, seine ersten Gehversuche. Hier lebte er mit seinen aus England stammenden Eltern und drei jüngeren Schwestern bis zu seinem siebten Lebensjahr, bis seine Eltern schließlich wegen Ausländerhass in ihre Heimat zurückkehrten.

Beeinflusst von seinem Vater hielt der 14-jährige Schüler Cliff den Religionsunterricht für völlig bedeutungslos und entschloss sich, aus der Konfirmandenklasse der örtlichen anglikanischen Kirche auszutreten. Es dauerte zehn Jahre, bis er wieder eine Kirche betreten sollte.

Die von Elvis Presley verkörperte Rock'n'Roll-Musik zog den begabten Musiker und Sänger in seinen Bann. Bereits mit 17 Jahren trat er mit seiner neu gegründeten Band „The Drifters" in bekannten Londoner Clubs auf. Der millionenschwere Produzent Norrie Paramor von der Schallplattenfirma EMI entdeckte ihn und brachte 1958 die erste Single mit dem Titel „Move it" heraus, die in der Hitparade gleich auf den ersten Plätzen landete.

Mit seiner umbenannten Band „The Shadows" feierte der

temperamentvolle Rock'n'Roll-Star in Großbritannien und in den Vereinigten Staaten seine ersten Triumphe. Überall wurde der zu „Englands Nummer Eins“ gewählte Rock-Rebell stürmisch gefeiert. Nach anfänglichem Entsetzen kamen schließlich sogar immer mehr Väter und Mütter mit in die Konzerte, weil die aggressiven Untertöne verschwanden und Cliff sich zu einem vielseitigen und zeitlosen Unterhaltungskünstler gewandelt hatte.

„Living Doll“ hieß sein nächster Erfolgshit (1959), der bis heute über eine Million mal verkauft wurde. Und seine Hits der 60er-, 70er- und 80er-Jahre wie „Congratulations“, „Power to all my friends“ oder „We don't talk anymore“ werden auch heute noch in aller Welt gespielt.

Böse Zungen sagen, sein größtes Verdienst bestehe noch immer darin, die Rolling Stones und Beatles auf den Plan gerufen zu haben. Immerhin haben diese weltbekannten Pop- und Rockbands anfangs in Cliff Richard ihr großes Vorbild gesehen. Cliff sieht sein größtes Verdienst darin, den Rock'n'Roll nach England geholt und als erster Nichtamerikaner damit Erfolg gehabt zu haben. Für ihn war Rock'n'Roll nichts anderes als eine Musikstil wie die Klassik und die Romantik mit einer äußerst suggestiven Wirkung: „Ich weiß, dass man die Rockmusik missbrauchen kann. Ich jedoch präsentiere Rock'n'Roll als ein befreiendes Lebensgefühl. Dabei beute ich weder meine eigene noch die Sexualität meiner Fans aus. Du kannst die Welt damit verzaubern oder verstören.“

Nicht ohne Grund also wählten die Leser des New Musical Express 1965, auf dem Höhepunkt der weltweiten Beatlemania, Cliff zum World's Top Male Singer, zum weltbesten Sänger. 40 Jahre später war Cliff immer noch der populärste Sänger Großbritanniens. Welch ein Phänomen. Seine Shows im Wembley-Stadion waren zweimal hintereinander ausverkauft und seine Welttourneen unvergessen.

Das Vaterunser wird boykottiert

Seine letzte Nummer Eins in der britischen Hitparade ist das „Millennium Prayer“ um die Jahrtausendwende, eine neue

Version des englischen „Vaterunser“ zu der Melodie der traditionellen und weltweit verbreiteten schottischen Neujahrshymne „Auld Lang Syne“. Militante Atheisten verstanden die Welt nicht mehr, wie ausgerechnet das Vaterunser wochenlang alle anderen Pop- und Rocksongs hinter sich lassen konnte. Rundfunksender wie die BBC boykottierten die Popversion, weil sie angeblich zu kitschig sei. Auf meine Frage an den bekannten Musikhistoriker der Musikhochschule Hamburg, Professor Hermann Rauhe, wie er die neue Version von Cliff Richard beurteile, sagte er mir: „Ich werte das ‚Millennium Prayer‘ positiv und freue mich über diese inspirierende Botschaft des Friedens für das neue Jahrtausend.“

Der christliche Popsänger forderte seine hasserfüllten Kritiker auf darüber nachzudenken, warum eine Single mit der wichtigsten christlichen Botschaft, deren Verkaufserlös ausschließlich bedürftigen Kindern zukomme, mit solchen Bannstrahlen belegt werde. Die Rolling-Stones-Fans hätten seinerzeit aufgeschrien, wenn ihr Welthit „Sympathy for the devil“ („Mitleid mit dem Teufel“) boykottiert worden wäre.

„Du bist verrückt, weil du Christ bist“

Ich lernte Cliff Richard 1973 in der Londoner *Earls-Court-Arena* persönlich kennen, wo ich ein Exklusivinterview mit ihm machen durfte. Natürlich verbreitete sich diese Nachricht bei den internationalen Pressevertretern wie ein Lauffeuer, die sich alle nur zu gerne an mich dranhängen wollten.

Cliff, diese Arena ist für dich ein Ort mit besonderer persönlicher Bedeutung, denn hier begann für dich, den britischen Weltstar, 1966 eine neue Ära. Wie war das damals?

Ich war gerade seit 18 Monaten Christ. Der amerikanische Evangelist Billy Graham predigte in der Earls-Court-Arena und bat mich um mein Glaubensbekenntnis. Ich war sehr ängstlich und nervös, denn mir wurde plötzlich bewusst, dass ich meine Rock'n'

Roll-Karriere damit aufs Spiel setzen würde. Wenn ich jetzt zurückschaue, war es für mich damals der erste positive mannhafte Schritt nach vorn mit allen Konsequenzen. Ich musste abwägen zwischen Geld, Ruhm und Jesus. Und Jesus hatte für mich das größte Gewicht.

Wie bist du damals mit dem Hohngelächter einer ungläubigen Welt fertig geworden?
Damals war es schlimm, aber heute macht es mir nichts mehr aus, wenn Menschen zu mir sagen: „Du bist verrückt, weil du Christ bist.“ Den Zynikern und Spöttern sage ich gelassen: „Schaut, Jesus lebt und füllt mein Leben mit seiner Kraft und seinem Geist aus.“ Wenn man meine Platten nicht mehr kaufen will, was soll's. Das Leben geht weiter – auch nach dem Tod. Hätte ich vor 2000 Jahren gelebt, wäre ich von den Christenverfolgern nicht nur ausgelacht, sondern vielleicht auch den Löwen in Rom zum Fraß vorgesetzt worden. Man kann der Wahrheit nicht ins Auge schauen und ihr anschließend den Rücken kehren. Es sei denn, man ist ein Dummkopf.

Was ist der Unterschied zwischen der neu entdeckten Glaubenswahrheit und der faszinierenden Tatsache, dass du zu diesem Zeitpunkt (1966) der wohl bekannteste Weltstar warst und Millionen von Fans in aller Welt hattest?
Auf dem Höhepunkt meiner Karriere ließ mich das Gefühl einfach nicht los, dass mir das Wichtigste noch fehlte. Durch den plötzlichen Tod meines Vaters (1963) fing ich an, nach dem Sinn des Lebens zu fragen. Auf einer Tournee durch Australien wollte ich durch ein spiritistisches Medium Kontakt mit meinem verstorbenen Vater aufnehmen. Als das der Bassist meiner Band mitbekam, schlug er seine Bibel auf und zeigte mir die Stelle aus dem 5. Buch Mose 18,10-11, wo vor Verwünschungen, Geisterbeschwörungen und Totenbefragung gewarnt wird.

Die Bibel machte mich neugierig und ich fand darin immer mehr Antworten auf meine quälenden Fragen.

Der Wendepunkt meines Lebens

Ein Jahr lang hast du als 23-Jähriger mit dem Religionslehrer deiner jüngeren Schwester, Bill Latham, über den christlichen Glauben diskutiert. Dann öffnete sich dir eine neue Tür. Was war da passiert?

Eines Abends las ich in der Bibel und stieß auf das 3. Kapitel der Offenbarung. In Vers 20 steht dort: „Siehe, ich stehe vor der Tür und klopfe an. Wenn jemand meine Stimme hören wird und die Tür auftun, zu dem werde ich hineingehen und das Abendmahl mit ihm halten und er mit mir." In diesem Augenblick schlug wohl Gottes Stunde für mich. Erst jetzt erkannte ich, was ich theoretisch schon immer gewusst hatte: Eine Beziehung muss von zwei Seiten aufgebaut werden. Von mir aus hatte ich bisher nichts dafür getan, um mit Gott Kontakt aufzunehmen. Ich lag in meinem Bett und stammelte ein Gebet, das sich ungefähr so anhörte: „Jesus, ich spüre, dass du anklopfst. Komm bitte herein und nimm mich an." Es war ganz einfach. Da fiel kein Blitz vom Himmel. Ich hörte auch keine himmlischen Stimmen oder hatte Visionen. Ich meinte es aber ernst und war bereit, die Folgen auf mich zu nehmen. Ich ließ ihn in mein Leben eintreten. Das war mein Wendepunkt.

Von Königin Elisabeth für soziales Engagement geadelt

Wenn wir uns in großen Abständen immer wieder einmal begegneten, erkundigte ich mich stets nach Cliffs Glauben. Und ich stellte dabei fest, dass seine Christusbegeisterung von Jahr zu Jahr wuchs. So sagte er mir einmal: „Das Wichtigste für mich ist die Erfahrung, dass Jesus lebt und für mich da ist. Er begleitet mich in fröhlichen und traurigen Tagen. Selbst wenn ich niedergeschlagen und erschöpft bin, bleibt eine tiefe Freude in meinem Herzen."

Getreu der Bibel gibt der Superstar, der insgesamt 300 Millionen Alben verkauft hat, seit seiner Bekehrung mindestens den Zehnten (10 Prozent seines Einkommens) ab. Der bibelkundige Sänger weiß sich also der Forderung Jesu verpflichtet: „Wem viel gegeben ist, bei dem wird man viel suchen. Wem viel anvertraut ist, von dem wird man umso mehr fordern" (Lukas 12,48).

Im Laufe der Jahre haben sich durch seine Spenden für 50 eigene und fremde Wohltätigkeitsorganisationen etliche Millionen Pfund addiert. Heute bekennt er: „Früher hätte ich mich niemals öffentlich für solche Hilfsorganisationen eingesetzt, sondern höchstens mal zu Weihnachten eine Kleinigkeit gespendet. Der Christusglaube hat mein Denken und Handeln grundlegend verändert."

Als Cliff Richard 1995 im Buckingham Palast von Königin Elisabeth II. in den Adelsstand erhoben wurde, sagte der 55-Jährige, er sei froh, dass er für sein soziales Engagement und nicht für sein Singen geehrt würde. Die Arbeit als Musiker mache ihm zwar nach wie vor viel Freude, doch gebe es im Leben noch Wichtigeres.

Bei der englischen Königsfamilie steht der Popstar nach wie vor hoch im Kurs. So war er unter anderem mit Prinzessin Diana befreundet. Und als die neuerlichen Enthüllungen ihres damaligen Butlers Paul Burrell 2004 auf den Markt kamen, ermahnte Cliff Richard die Presse: „Lasst endlich Diana in Frieden ruhen. Ich erwarte mehr Respekt für diese Familie und Englands königliche Tradition."

Weltweit das vorbildlichste Popidol

„Wir wollen jetzt endlich mal einen Skandal von Ihnen." Mit dieser Provokation begann ein Stern-Reporter (Nr.45/98) sein Interview mit Cliff Richard. Es müssten sich doch bei ihm in all den Jahren Unmengen von Aggressionen angestaut haben. Ob es ihn nicht wenigstens ein bisschen kribbelt, einmal die Sau rauszulassen.

Seine Antwort kam sehr gelassen: „Es reizt mich nicht im Geringsten, für ein Arschloch gehalten zu werden. Ich bin in der ganzen Welt und bei allen, die mit mir arbeiten oder sonst wie zu tun haben, ein beliebter und geachteter Mensch. Darüber bin ich sehr glücklich."

Auf die Frage, ob Cliff irgendwo ein Gemälde verstecke, auf dem er nicht wie der (ewig jugendliche) Cliff, sondern eher wie der (verlebte) Keith Richards von den Rolling

Stones aussehe, sagte er in Anlehnung an den Roman „Das Bildnis von Dorian Gray" von Oscar Wilde: „Ich habe keinen Pakt mit dem Teufel geschlossen, sondern mit Gott."

Der allseits beliebte Sänger hat keine Starallüren. Seine Stärken und Schwächen kennt er sehr wohl, weiß aber auch, wie er den vielen Versuchungen widerstehen kann. Sein Lebensmotto steht im Philipperbrief (4,13): „Ich vermag alles durch den, der mich mächtig macht, Christus."

Dazu bemerkte er einmal: „Wenn Christus mich nicht vor dem Fall bewahren würde, dann würde ich schon heute in den Schlagzeilen stehen. Sollte ich einmal ausrutschen, etwas Unchristliches sagen oder tun, würden die Leute die Nase rümpfen: ‚Und das will ein Christ sein?'"

Erster westlicher Popsänger in der Sowjetunion

Vor dem Hintergrund seines christlichen Sendungsbewusstseins nahm Cliff als erster westlicher Popsänger die Einladung der damaligen Regierung der UDSSR zu einer dreiwöchigen Konzertreise (1976) nach Moskau und Leningrad an. Daran knüpfte er die Bedingung, in jedem Konzert zwei christliche Lieder zu singen. Innerhalb weniger Wochen waren alle 100.000 Eintrittkarten für 20 Konzerte verkauft und er wurde überall „wie ein Gladiator gefeiert".

Als ich zehn Jahre später die Gemeinde der Evangeliumschristen in Moskau besuchte, die jeden Sonntag drei Gottesdienste mit jeweils über 3.000 Besuchern feiern, erinnerten sie sich noch immer voller Begeisterung an den britischen Popstar. In ihrer Kirche sang er das Kirchenlied „When I survey the wondrous cross": „Wenn ich das wunderbare Kreuz betrachte, an dem der Herr der Herrlichkeit starb ..."

Auch Cliff erinnerte sich bei einem unserer letzten Gespräche immer noch gern an diesen Gottesdienst in der damaligen kommunistischen Sowjetunion, wo Gott offiziell nicht groß geschrieben werden durfte. Er erzählte mir: „Als ich den ersten Ton ins Mikrofon hauchte, standen alle auf. Alte Männer und Frauen, jüngere Leute und eine Hand voll Soldaten. In diesen drei Minuten verstanden wir einander vollkommen. Im Glauben an Jesus gehörten wir zu einer Familie. Diese tiefe Verbundenheit kann ich mit Worten nicht beschreiben. Man muss sie erlebt haben."

Wo immer Cliff in der weiten Welt auftritt, empfiehlt er auch heute noch seinen Christusglauben als Lebenshilfe, ohne dabei peinlich zu wirken.

Seinen 16.000 japanischen Fans im Tokioer Budokan gab er zu bedenken: „Die Tatsache, dass ich mich nicht schäme, Christus zu bezeugen, ist ein Beweis dafür, dass er mein Leben verändert hat. Ich möchte euch zu diesem Glaubensschritt ermuntern. Der Glaube an Christus befreit uns von unserem Egoismus und wir lernen andere Menschen so bedingungslos zu lieben, wie Christus uns geliebt hat."

Warum gerade Jesus Christus?

Der bekennende Christ setzte und setzt sich noch heute für einen friedlichen Dialog mit den nichtchristlichen Weltreligionen ein, nimmt aber dennoch einen festen Standpunkt ein. Was aber ist für ihn das Besondere am Christentum?

„Streng genommen bin ich kein religiöser Mensch, sondern ein Christ. In den Religionen wie Hinduismus, Buddhismus und Islam sucht der Mensch auf Grund frommer Leistungen einen mühsamen Weg zu Gott. Im christlichen Glauben sucht Gott den Menschen. Christus ist Mensch geworden um unsertwillen. Darum feiern wir Weihnachten. Und er ist für die Schuld der Menschen gestorben. Darum feiern wir Karfreitag. Und er hat den Tod durch seine Auferstehung für uns besiegt. Darum feiern wir Ostern.

Christsein bedeutet für mich nicht vorrangig die Befolgung ritueller Vorschriften und Regeln, sondern eine persönliche Beziehung zu Jesus Christus. Erst wenn ich seine Liebe erfahren habe, bin ich für das göttliche Liebesgebot und die Zehn Gebote motiviert. Mein Christsein erlebe ich nicht als eine willenlose Einengung, sondern als eine totale Befreiung. Gott nahm mir meine Schuld und schenkte mir ein neues Leben. Meine Karriere spiegelt diese positive Veränderung wider."

Wenn ich nur noch einen Tag zu leben hätte

Unvergesslich bleibt mir jener Augenblick, als ich Cliff einmal nur wenige Sekunden vor seinem Bühnenauftritt hinter dem Vorhang stehen sah. Mit einem Mikrofon in der Hand überfiel ich den verdutzten Popstar mit der ungewöhnliche Frage: „Cliff , was würdest du tun, wenn du nur noch einen Tag zu leben hättest?"

Genauso ungewöhnlich schoss seine Antwort zu diesem ungewöhnlichen Zeitpunkt aus ihm heraus: „Ich würde versuchen, alle erreichbaren Rundfunk- und Fernsehanstalten dringend zu bitten, mir eine kurze Sendezeit einzuräumen. Dann würde ich meine Situation schildern und bezeugen, dass Jesus Christus die größte Entdeckung meines Lebens ist, eine lebenserneuernde Kraftquelle und ein Trost im Leben und im Sterben. Ich würde meinen Hörern und Zuschauern Mut machen, dieses Liebesangebot nicht auszuschlagen und eine persönliche Glaubensbeziehung zu Jesus Christus aufzunehmen, denn diese Botschaft hat sich seit 2.000 Jahren bewährt. Sie behält ihre Gültigkeit, bis Christus wiederkommt."

„Hab so eine Sehnsucht, mich aufzuspüren"

Konstantin Wecker, *Liedermacher*

Hab so eine Sehnsucht, mich aufzuspüren,
mich in den Griff zu kriegen,
und scheitere oft schon am Buchstabieren.
Und dann bleib ich meistens liegen
zwischen Rausch und Askese,
halb Heiligenschein, halb Auswurf der Hölle.
Ich schwebe und pendle mich meistens nicht mehr ein …
und doch, ich lebe, ich lebe …

So schrieb und sang der deutsche Liedermacher Konstantin Wecker vor seiner Kapitulation als Kokainsüchtiger. Im letzten Jahr seiner Abhängigkeit hatte er Kokain im Wert von mehr als einer halben Million Euro konsumiert.

Seit 1994 steht nun ein geläuterter Künstler auf der Bühne, der glücklich verheiratet und stolzer Vater von zwei Söhnen ist.

Trotz dieser erstaunlichen Lebenswende bleibt der lebenslange Kampf und die Sehnsucht, sich aufzuspüren und in den Griff zu bekommen. Wir Menschen bleiben am Buchstabieren und werden nie perfekt sein. Wer kennt nicht diese widersprüchlichen Momente wie die, die der Liedermacher in seinem Lied beschreibt:

Bin heut so seltsam aufgelegt.
Ich bin so lustlos – voll von Lust,
so leer und trotzdem so erregt,
schon fast bewusstlos, doch bewusst ...

Wer so schonungslos sein Inneres aufdeckt, muss viel Mut zur Wahrheit und Demut haben. Selten bin ich einem Künstler begegnet, dessen Publikum sich mit seinen Höhen und Tiefen so intensiv identifiziert.

Seine Lieder (20 Musikalben) und Gedichte (6 Bände) sowie sein Roman „Uferlos“ spiegeln die Gefühle des 57-jährigen Liedermachers, Schauspielers, Poeten und Filmmusikproduzenten wider.

Nach dem Abitur verdiente sich Wecker sein Geld zunächst als Straßensänger in Rom und Venedig, ging dann mit „Jesus Christ Superstar“ auf Tournee und schaffte 1976 mit den Alben „Weckerleuchten“ und „Genug ist nicht genug“ den Durchbruch als Sänger.

Hier einige Auszüge aus unseren wiederholten Gesprächen:

Künstler und Verbrecher akzeptieren keine Normen

Welche Erinnerungen hast du an deine Kindheit?
Ich hatte eine glückliche Kindheit, die von der Musik beseelt war. Mein Vater war Opernsänger und als Kind habe ich oft mit ihm zusammen gesungen. Hauptsächlich italienische Opern. Später begleitete ich uns dann auf dem Klavier. Als Zwölfjähriger habe

ich für Beethovens Violinkonzert geschwärmt, so wie meine Altersgenossen sich für die Beatles und für Rock'n'Roll interessierten.

Mit dem Stimmbruch bin ich dann aus dem Paradies in die Niederungen der Fleischlichkeit gefallen.

Wie beurteilst du heute deine Eltern?
Meine Mutter ist wunderbar, auch wenn sie mich als ihr einziges Kind nicht loslassen wollte. Aber sie hat mir viel Liebe geschenkt.

Mein Vater Alexander war Maler und Opernsänger, verdiente mit seiner Kunst aber nichts. Sein Problem war, dass er nie vors Publikum treten wollte; er sang und malte zu Hause jeden Tag.

Meine Eltern haben mich dahingehend erzogen, nicht misstrauisch auf die Menschen zuzugehen, sondern ihnen zunächst mit einem großen Grundvertrauen zu begegnen, auch wenn man mal enttäuscht wird.

Ich konnte mich ihnen gegenüber hemmungslos äußern und meine Schattenseiten zeigen. Es wurde zwar heftig geschimpft, aber immer wieder verziehen. Egal, was ich getan habe, ich hatte immer das Gefühl, ich werde geliebt. Ich habe eine Mutter, die auch noch vor den Gefängnistoren auf mich wartet.

Deine Mutter stand tatsächlich eines Tages vor deinem Gefängnistor. Du hast als 19-Jähriger wegen Einbruchs im Knast gesessen. Wie haben deine Eltern reagiert?
Als mich meine Eltern im Gefängnis besuchten, weinte meine Mutter. Mein Vater tröstete mich: „Konstantin, zwischen Künstler und Verbrecher ist kaum ein Unterschied. Beide akzeptieren keine Normen. Zum Verbrecher taugst du nicht. Also, bitte, bleib Künstler."

Lebenselexier Familie

Im Dezember 1995 warst du wegen Kokainbesitz 17 Tage in Untersuchungshaft. Zwei Monate nach deiner Entlassung hast du als 48-jähriger Katholik deine 21-jährige evangelische Freundin Annik Berlin geheiratet. Die ökumenische Trauung wurde von deinem Freund, dem evangelischen Pastor Jörn Thießen aus Hamburg, und einem

katholischen Bischof aus Kamerun gemeinsam zelebriert.

Inzwischen bist du schon acht Jahre mit Annik verheiratet. Was bedeutet dir deine Familie?
Annik besitzt eine Ruhe und Ausgeglichenheit, die ich in meinem ganzen Leben noch nie erlebt habe. Durch sie hat sich mein Frauenbild endgültig geändert. Erstaunlich, wie meine Frau meine Rekonvaleszensphase nach meiner Kokainsucht ertragen hat – für mich ein Gnadenakt der Liebe.

Meine Frau kommt aus einer intakten Familie, was ich bisher in meinem ganzen Freundeskreis noch nie erlebt habe.

Es beeindruckt mich, mit welcher Liebe und Selbstverständlichkeit eine junge Frau alles aufgibt und sich für ihre Familie total einsetzt. Die gegenseitige Liebe ist unsere gemeinsame Basis.

Erst als ich begonnen hatte, für mich verantwortlich sein zu wollen, war ich in der Lage, auch für Kinder Verantwortung zu übernehmen. Ich bin dankbar, dass ich nicht früher Kinder bekommen habe. Es ist wichtig zu begreifen, dass Kinder einem Erwachsenen die Chance geben, sein eigenes Leben zu betrachten und zu verwandeln. Durch meine Kinder habe ich eine neue Dimension der Liebe erlebt.

Sich selbst und andere nicht belügen

Was motiviert dich, wenn du auf der Bühne stehst?
Natürlich das Publikum! Da kommen Energien rüber, die durch mich fließen und auch wieder zurückfließen können. Die Leute spüren meine Hingabe und mein Bestreben, sie ernst zu nehmen und sie nicht anzulügen, weil ich mich selbst nicht anzulügen versuche. Leider gibt es immer wieder Momente, in denen man sich beschwindelt und es oft selbst gar nicht merkt.

Solange Menschen sich untereinander anlügen und zu feige sind, sich die Wahrheit zu sagen, wird unsere Umwelt vergiftet.

Wenn wir uns nicht belügen, müssen wir uns so nackt, so hilflos, so besiegt mit unserer Schwäche auseinander setzen, dass uns plötzlich das Wort Scham in seiner stimmigsten Bedeutung in die Seele drängt. Bevor wir mit Fingern auf andere deuten, sollten wir vor allem auf uns selbst deuten.

Ich will in meine eigene Seele schauen, auch wenn ich mich gegen das Unrecht von außen wende. Als ich noch an politische Heilsbotschaften glaubte, versuchte ich, die anderen zu ändern. Beim Schreiben meiner Lieder schaue ich in mich selbst hinein und entdecke in mir Züge von dem, was ich an unserer Gesellschaft angreife; denn wenn man in sich hineinhört und -schaut, merkt man, wo die Gefahren sitzen. Man hat auch eher ein Recht anzuklagen, wenn man die Dinge von sich aus betrachtet und sich nicht einfach ausklammert und nur nach außen tritt.

In einer Gesellschaft der Starken wird es einem schwer gemacht, sein Irren und Taumeln, sein Schwachsein unverschämt zu zeigen. Man scheint unverwundbar, schmückt sich mit Leichtigkeit und mit vielen angenehmen Lügen.

Gesellschaft von Süchtigen

Du hast einmal gesagt: „Wir sind eine Gesellschaft von Süchtigen, wir bedienen uns nicht mehr der Dinge, sondern die Dinge haben uns in der Hand. Habt die Süchtigen lieb.“
Ich wollte damit einfach sagen, dass Menschen nicht perfekt sein können und Schwächen haben. Jemand, der versucht, auszubrechen und Grenzen zu überschreiten, kann auch bitterböse auf die Schnauze fallen. In diesem Zusammenhang bin ich ganz gern ein lebendes Beispiel dafür, wie tief man in eine Sucht hineinfallen kann, wenn man – wie ich früher – glaubt, man sei viel zu stark, als dass einem so etwas passieren könnte.

Stoff, aus dem die (Alb)träume sind

Wie ist es zu deiner Kokainsucht gekommen?
Ich bin ein faustischer Mensch und habe keine Gefahrenmomente ausgelassen. Ich bin ein Herdplattenanfasser. Es gehört anscheinend zu mir, dass ich alles ausprobiere und Grenzen durchstoße. Aber das Reizvolle ist gefährlich. Zu allen Zeiten haben Künstler immer wieder Drogen ausprobiert. Manche sind gescheitert. Andere haben es überstanden.

Wenn du nach einem Konzert irrsinnig bejubelt wirst und ein schönes warmes Gefühl hast, kommt ein Moment, wo du in der Garderobe sitzt und denkst: Jetzt geht mir was ab. Da ist ja kein Kick mehr da. Es muss doch noch was kommen.

Leben ohne Ersatzglücksstoffe?

Wie groß ist für dich die Gefahr des Rückfalls?
Die Gefahr besteht ständig, aber nicht im Moment. Über viele Jahre und vor allem im letzten Jahr meiner Sucht war ich nur auf einen Gedanken fixiert: Woher bekomme ich Drogen zum Konsumieren? Darin bestand mein einziger Sinn in einer sinnentleerten Welt auf der unbändigen Suche nach dem Glück.

Außer meiner regelmäßigen Grenzdurchbrechungssuche muss es immer auch noch andere Gründe gegeben haben, warum ich wieder und wieder drogenanfällig gewesen bin. Ich habe mir in meinem Leben viel Glück vorgegaukelt, das ich eigentlich nicht hatte.

Seit meinem Entzug habe ich eine bis dahin nie gekannte Klarheit gewonnen, auch mal ohne Ersatzglücksstoffe durch das Leben zu gehen.

Was verstehst du unter „Ersatzglücksstoffe"?
Damit meine ich nicht nur die Droge, sondern auch Geselligkeit, ein wichtiger Ersatzglücksstoff – sich an jedem Abend mit den gleichen Leuten treffen und die gleichen Witze erzählen. Man ist wenigstens abgelenkt. Eine furchtbare Betriebsamkeit.

Die Arbeit ist für mich interessanterweise kein Ersatzglücksstoff. Die Bühnenarbeit macht nicht unbedingt glücklich. Das Wesen der Kunst besteht auch nicht darin, dass sie den Künstler glücklich macht. Es muss etwas anderes sein. Dem bin ich aber noch auf der Spur.

Die Befriedigung liegt letztlich auch nicht darin, dass du jeden Abend vor einem tollen Publikum dreistündige Konzerte gibst. Es gibt viele Momente, die dazu beitragen, dass man nicht befriedigt ist, denn es läuft manchmal nicht so, wie man es sich vorstellt.

Auf der Bühne gibt es nur wenige bruchstückhafte „heilige" Momente, zum Beispiel beim Improvisieren.

Die lapidare Gegenfrage nach diesen Erlebnissen heißt: Wäre es nicht besser gewesen, wenn ich mit einem euphorischen Knall draufgegangen wäre? Rufen die Götter nicht die sehr früh zu sich, die sie besonders lieben?

Wenn ich jetzt nicht einen spirituellen Rückhalt hätte, würde ich dieser These öfters nachsinnen. Der spirituelle Rückhalt ermöglicht es mir, mir zu sagen: Das kann doch wohl nicht der Sinn dieser einmaligen Chance sein, als Mensch geboren worden zu sein?

Gutmenschen werden lächerlich gemacht

Dein gesellschaftliches Engagement ist bewundernswert. Unmittelbar vor dem Irak-Krieg bist du nach Bagdad gefahren und hast dort Konzerte gegeben, um für den Frieden einzutreten. Diese ungewöhnliche Reise ins „Feindesland" hat nicht nur manche Politiker irritiert. Du hast einmal gesagt, Gutmenschen werden in unserer Gesellschaft oft lächerlich gemacht? Wie meinst du das?

In unserer postmodernen Gesellschaft wird gerne jeder, der sich engagiert, lächerlich gemacht und als „Gutmensch" gebrandmarkt.

Eine widerwärtige Verbalinjurie. Jeder, der sich in diesem System noch für Menschenrechte, Frieden und Gerechtigkeit engagiert, wird ausgelacht oder als naiv abgetan.

Weil „Gutmenschen" daran erinnern, was eigentlich zu tun wäre? Werden sie deshalb verteufelt?

Jeder Mensch hat ein Gewissen; es wird allerdings meistens totgeschwiegen. Man kann es wegtrinken, wegkoksen und vielleicht auch durch eine bestimmten Lebensweise wegleben. Trotzdem ist es nicht weg.

Wenn man sich die Zeit einmal gönnt, mit sich allein zu sein und in sich zu gehen, spürt doch jeder, dass er nach einer bestimmten Zeit des übermäßigen Wohlstandes bei täglich hunderttausend Hungertoten auf dieser Welt ein schlechtes Gewissen haben müsste!

Ich weiß es von mir selbst. Ich habe äußerst verschwenderisch gelebt. Ich glaube, ein Großteil meiner Verschwendungssucht kam auch aus dem schlechten Gewissen heraus. Man kann sich nicht wohl fühlen, wenn man hier im Luxus lebt – oder man wird bösartig.

Dabei denke ich zum Beispiel an den Kaufrausch. Wenn es mir nicht gut ging, habe ich hektisch Sachen eingekauft. Zu Hause angekommen, hatte ich ein fahles Gefühl. Ich hätte die Sachen am liebsten wieder zurückgetragen.

Weil ich so vieles durchlebt habe, bin ich toleranter geworden. Ich verstehe die Beschwerden, Süchte und Bösartigkeiten der Menschen. Das Einzige, wovor ich Angst habe, ist Dummheit. Goethe sagt: „Am scharfsinnigsten werden die scharfsinnigen Männer, wenn sie im Unrecht sind."

Im Gefängnis habe ich Gedichte geschrieben, einige davon sind Gebete. Als ich sie meiner Lektorin zu lesen gab, riet sie mir ab, diese Gedichte zu veröffentlichen. Sie prophezeite mir, dass mich die Journalisten und Kritiker zerreißen würden. Ich wusste, sie hatte Recht. Ich habe die Gedichte nicht veröffentlicht.

Manchmal ist es gefährlich, das Wort „Gott" in den Mund zu nehmen. Mit Gott ist viel Missbrauch getrieben worden. Viele Leute werden verschreckt. Sie haben einfach keine Antenne dafür.

Mitleid zu empfinden ist ein Gottesbeweis

In seinem letzten Interview sagte der Philosoph Martin Heidegger dem damaligen Herausgeber des Nachrichtenmagazins „Der Spiegel", Rudolf Augstein: „Alles bloß menschliche Sinnen und Trachten führt zu nichts. Nur noch ein Gott kann uns retten." Dieses Gespräch durfte erst nach Heideggers Tod veröffentlicht werden, weil er sich zu Lebzeiten solcher frommen Worte schämte.

Ich habe das gleiche Problem. Soll man religiöse Gedanken in der Öffentlichkeit überhaupt noch kundtun?

Wenn ich sage, dass ich gebetet habe, wird mein Bekenntnis so verzerrt wiedergegeben und mir bei anderer Gelegenheit um die Ohren geschlagen, dass ich mit solchen Äußerungen vorsichtig geworden bin.

Für viele Menschen ist das Wort „Gott" schon eine Kriegserklärung. Als junger Mann habe ich den mir von der Kirche vorgestellten Gott erst einmal „geschlachtet". Mein Vater war liebevoller und toleranter als dieser Gott, von dem man mir erzählte. Beim Philosophiestudium habe ich versucht, Gott auszulassen. Und nun rufe ich nur dazu auf, sich wieder mit dem Geistigen zu beschäftigen. Es ist so schade, dass wir in einer Gesellschaft leben, in der es fast schon verboten ist, über solche Dinge zu reden.

Wir leben in einer Zeit, die sehr hämisch auf Glauben reagiert und dabei lauter verzweifelte Menschen produziert. Im Endeffekt ist ihr Leben sinnlos geworden. Deshalb rede ich lieber von Metaphysik oder Philosophie.

Wir müssen nach einem Konsens suchen, den jeder Mensch mit dem anderen gemeinsam hat. Da ist ein Funke im Menschen, die Sehnsucht, andere Menschen zu lieben, statt sie zerstören zu wollen. Im tiefsten Inneren hat der Mensch das Bedürfnis, Mitleid zu empfinden und sozial zu sein, auch wenn er es nicht immer schafft. Dieser Funke ist für mich der größte Gottesbeweis.

Woher komme ich und wohin gehe ich?

Der Mensch fragt auch über sich selbst hinaus, auch über den Tod hinaus; er will wissen, was ihn nach seinem Tod erwartet. Eines deiner Lieder heißt „Ich hab zum Sterben kein Talent". Neulich hast du in einem Fernsehinterview einen französischen Philosophen mit den folgenden Worten zitiert: „Der Terror der eigenen Sterblichkeit überschattet alles." Ist die Gottesfrage für dich auch mit der Sinnfrage gekoppelt?

Ich kann mir kein Leben vorstellen, das nicht von einem metaphysischen Grundgehalt her bestimmt wäre.

Mein Lebensgrund ist nicht mal die Kunst, auch wenn sie für mich unendlich wichtig ist und mir weiterhilft. Mein Lebensgrund ist die Frage: Woher komme ich, wohin gehe ich und wie und wodurch kann ich mich als Mensch weiterentwickeln? Wie schaffe ich es, meinen mentalen Bereich zu erweitern?

Ich sehe es als Geschenk an, dass ich als Künstler viele Texte und Lieder schreiben konnte. Es wäre arrogant zu sagen, ich hätte mir alles erarbeitet. Wenn ich etwas geschenkt bekomme, was ich gar nicht erwartet habe, wächst in mir eine tiefe Dankbarkeit und auch ein Glaube an etwas, was man nicht rational definieren kann. Da nähert man sich der Gottesfrage.

Betest du?
Ich schäme mich nicht zu sagen, dass ich bete. Viele Texte von mir sind Gebete oder Psalmen.

Trotzdem habe ich vor nichts in meinem Leben so viel Scham gehabt, wie davor, ganz allein mit Gott zu reden. Einige meiner Freunde haben mir übrigens gestanden, dass es ihnen genauso geht. Ist es nicht eigenartig? Ich habe mich richtig geschämt und mir gesagt: Du kannst doch jetzt nicht beten!

Ist das nicht komisch? Es würde vielen Menschen leichter fallen zu sagen: „Ich möchte mal den Teufel sehen." Da schämt sich keiner.

Wie bewertest du rückblickend deine Zeit im Gefängnis?
Meine zweiwöchige Untersuchungshaft war die schlimmste Zeit meines Lebens, weil ich von einem kalten Entzug erwischt wurde. Alles war plötzlich zusammengebrochen. Es war die Hölle. Da bin ich in mich gegangen.

Wenn ich im Gefängnis nicht gebetet und meditiert hätte, weiß ich nicht, ob ich aus diesem Sumpf herausgekommen wäre.

Was sind wir doch für hochmütige Menschen? Sobald es einem Menschen schlecht geht, sagen wir hämisch: „Jetzt muss er sich wohl noch an Gott klammern", anstatt zu sagen: „Wie schön, dass er durch das Gebet etwas gefunden hat, was wir in unserer Gesellschaft nicht anbieten können." Wir sind oft zu dumm, um unseren Erfahrungshorizont zu erweitern. Je weiser, lebenserfahrener und weitsichtiger ein Mensch ist, desto eher ist er bereit, spirituelle Erfahrungen anzuerkennen, die andere ihm voraushaben und nach denen er sich sehnt. Unter vielen Tränen habe ich damals im Gefängnis zu einer Seelenruhe gefunden, nach der ich mich heute noch zurücksehne, auch wenn es eine leidvolle Gewissheit war.

Die Mystiker und die Quantenphysik

Die christlichen Mystiker des Mittelalters wie Hildegard von Bingen und Meister Ekkehard haben in ihren Meditationen auch diese Seelenruhe angestrebt und dabei leidvolle Erfahrungen dankbar angenommen. Wie gehst du mit dem Leid um?

Was mich mit der christlichen Mystik verbindet, ist tatsächlich die Frage nach dem Leid. Im christlichen Glauben wird das Leid auch positiv gesehen, weil es einen Menschen näher zu Gott bringt. Darüber lohnt es sich nachzudenken.

Wenn das Leben problemlos verläuft und man voller Kraft und Aktivität ist, lebt man meistens oberflächlich in den Tag hinein. Unsere bloß materielle Ausrichtung schafft ein seelenloses Dasein. Man kann unserer Gesellschaft das „Memento Mori" (Gedenke des Todes) immer schwerer vermitteln.

Erstaunlicherweise nähert sich heute die Atomphysik, die sich zur Quantenphysik weiterentwickelt hat, nach der es keine geistlose Materie gibt, der Mystik.

Die Mystiker empfehlen geistliche Übungen (Exerzitien), um Gott näher zu kommen. Was hältst du davon?
Wie die griechischen Mönche habe ich einmal drei Tage lang das so genannte Herzensgebet konsequent ununterbrochen gesprochen: „Herr Jesus Christus, Sohn Gottes, erbarme dich meiner." Den ganzen Tag – beim Essen, beim Stehen, beim Gehen. Und nach drei Tagen bin ich nicht wahnsinnig geworden, sondern hatte ein wunderschönes spirituelles Erlebnis. Bei einer Wanderung auf einem Berg am Titisee überkam mich plötzlich das Gefühl, den Raum überwinden zu können. Ich hatte ein Gefühl, als wäre ich gleichzeitig auf dem Berg und im Tal. Es war wie ein impressionistisches Gemälde. Aber nach drei Sekunden war alles wieder weg. Ich habe es seitdem nie wieder geschafft, drei Tage durchgehend zu beten.

Was mich an Konstantin Wecker beeindruckt hat, ist seine permanente Lernbereitschaft und seine schonungslose Offenheit. Zwei Sätze von ihm fallen mir dazu ein: „Menschlichkeit beweist man zuerst einmal durch die Hingabe seiner fehlerhaften Persönlichkeit an seine Mitmenschen." Und: „Nichts ist erklärbar. Nur im Unsichtbaren lernen wir zu sehen."

„Jott sei Dank, et hät jeklapp!"

Isa Vermehren, *Ordensschwester, langjährige „Wort zum Sonntag"-Sprecherin und ehemalige Schauspielerin*

In der Medienwelt gilt Isa Vermehren als „profilierte Zeugin des Jahrhunderts". Für ihr Gesamtwerk erhielt die Ordensfrau den Deutschen Medien- und Predigtpreis 2003 vom Verlag für die Deutsche Wirtschaft.

Erstmals erregte die damals 15-jährige Tochter eines Lübecker Rechtsanwalts und einer Journalistin Aufsehen, weil sie sich aus Solidarität mit einer jüdischen Mitschülerin weigerte, die Hakenkreuzfahne zu grüßen. Sie wurde der Schule verwiesen. Ihre Familie zog daraufhin nach Berlin, wo die 15-Jährige als Kabarettistin und Sängerin im bekannten literarischen Kabarett „Katakombe" unter Leitung von Werner Finck ihr Bühnendebüt gab. In den folgenden Jahren besang Isa Vermehren 24 Schallplatten und drehte mehrere Kinofilme.

Im Jahre 1951 trat die Künstlerin in den Erziehungsorden Gesellschaft vom heiligsten Herzen Jesu ein. Die Ordensfrau leitete als Direktorin die vom Orden betreuten katholischen Gymnasien in Bonn und Hamburg bis zu ihrem 65. Lebensjahr. Danach hat sie noch 12 Jahre lang das Wort zum Sonntag im Ersten Deutschen Fernsehen gesprochen.

In ihrem Bonner Domizil besuchte ich die heitere Ordensfrau, die mit ihren 86 Jahren (Jahrgang 1918) immer noch so charmant lächeln kann wie einst auf dem Bildschirm am Samstagabend vor mehreren Millionen Zuschauern.

Es war noch gar nicht so lange her, als sich Ulknudel Hella von Sinnen in ihrem gelben Comedydress und ihre ehemalige Kollegin Isa Vermehren in ihrem schwarzen Habit in diesem Ordenshaus gegenüberstanden. Ein nicht alltäglicher Anblick, den eine große Fernsehzeitschrift auf einem fast ganzseitigen Foto festgehalten hat.

Auf diese merkwürdige Begegnung angesprochen, meinte die resolute Ordensfrau, sie habe gar nicht gewusst, wer Hella von Sinnen eigentlich sei. Erschrocken habe sie sich über die merkwürdigen Fragen des Comedystars: „Warum soll ich als Feministin mit einem Mann (gemeint war Jesus) in einen Dialog treten?“ und „War es einfacher, hinter Klostermauern ein moralischer Mensch zu bleiben?“ Die Moral bleibe hinter Klostermauern schließlich auch nicht unangefochten.

Als die ehemalige Kabarettistin am Ende dieses Gesprächs bekannte, sie sei sehr glücklich und führe zwar kein federleichtes, aber immer ein forderndes, sinnerfülltes und auch spannendes Leben, reagierte die atheistische Komikerin: „Ich hätte fast gesagt: Ich bete zu Gott, dass es bei mir im hohen Alter auch so sein wird.“

Am Telefon hatte mich, wohl beeinflusst durch diese Begegnung, die gebildete Ordensfrau bereits darauf hingewiesen, dass es bei einem Gespräch auf die richtigen Fragen ankomme. So hoffte ich, dass ich sie besser inspirieren könnte.

Windstärke 12 in der Katakombe

Schwester Vermehren, Sie wurden Anfang der 30er-Jahre als so genannter Shootingstar in der Berliner Theaterwelt gefeiert. Im Jahre 2003 ist eine CD mit Ihren alten frechen Seemannsliedern und Balladen unter dem Titel „Windstärke 12" auf den Markt gekommen. Wie scharf war Ihre Brise damals?
Im Vergleich zu heute waren meine Matrosenlieder und zarten Liebesballaden geradezu harmlos. Natürlich haben wir auf der Bühne die gesellschaftlichen und politischen Verhältnisse an den Pranger gestellt und darüber Witze gemacht. Meine Lieder begleitete ich damals auf der Ziehharmonika, die mein Markenzeichen wurde.

Ihr Engagement in Werner Fincks politisch-literarischem Kabarett „Katakombe" beendeten die Nazis 1935 mit der Schließung des Theaters. Sie standen außerdem auf der schwarzen Liste der Nazis.
Die Nazis nahmen unter anderem Anstoß an einem Vers aus meinem Lied „Eine Seefahrt, die ist lustig": „Und der Erste auf der Brücke ist ein Kerl Dreikäsehoch, aber eine Schnauze hat er wie 'ne Ankerklüse groß." Es lag nahe, bei diesem Dreikäsehoch an den Propagandaminister Joseph Goebbels zu denken.

Bis 1951 drehten Sie mehrere Kinofilme. Welcher Film hat Ihnen am besten gefallen?
Mein letzter Film „In jenen Tagen" (1951) unter der Regie von Helmut Käutner. Zwei Männer schlachten auf einem Autofriedhof am Ende des Krieges ein Autowrack aus und stoßen dabei auf sieben Erinnerungsstücke wie einen Kamm, vergilbte Fotos oder eine Hutnadel. Nach jedem Fund wird die politische Vergangenheit aufgerollt und dazu eine Geschichte erzählt, wie zum Beispiel die Hutnadel ins Auto gekommen ist.

Ich spiele in dem Film die dienstverpflichtete Erna, die früher einmal Hauskind bei einer Baronin von Thorn gewesen war. Diese Baronin war die Mutter eines Widerstandskämpfers (20. Juli), die ich mit dem Auto aus Berlin herausbringen wollte, woraus sich allerlei Verwicklungen ergaben.

Sie müssen sich den Film unbedingt anschauen. Sie bekommen ihn noch überall in einschlägigen Fachgeschäften.

Überlebensstrategie im KZ

Nachdem Sie eine Zeit lang während des Krieges auf der Bühne deutsche Soldaten an der Front in Frankreich, Italien und Norwegen betreuten, kamen Sie und weitere Familienangehörige 1944 in Sippenhaft. In Ihrem lesenswerten Buch „Reise durch den letzten Akt" (Rowohlt Verlag) berichten Sie über Ihre Erlebnisse in den Konzentrationslagern Ravensbrück, Buchenwald und Dachau. Sind Sie während dieser anderthalb Jahre an Gott nicht irre geworden?
Es war entsetzlich mitzuerleben, wie Menschen sich gegenseitig gequält und verachtet haben. Meinen naiven Glauben an das Gute im Menschen habe ich damals verloren, wenngleich es unter den Häftlingen wunderbare Menschen gab. Aber mein Glaube an Gott wurde gestärkt. All diese Grausamkeiten hat sich Jesus Christus von uns Menschen auch gefallen lassen. Dennoch hat er sich nicht von uns abgewandt, sondern sich für uns alle dahingegeben.

Als ich einmal in unserm Block das Lied „Die Gedanken sind frei, wer kann sie erraten" anstimmte, brüllten alle Häftlinge vor Begeisterung. Um zu überleben, erzählten die Häftlinge sich witzige und humorvolle Geschichten. Wer sich selbst aufgab und resignierte, war nach sechs Monaten tot.

Angesichts des Wahnsinns fragen Menschen oft nach dem Sinn des Lebens. Die Sinnfrage ist ja irgendwie mit der Gottesfrage gekoppelt. Wo sind Sie in Ihrem Leben erstmals auf Gott gestoßen?
Meine Suche nach Wahrheit hat schon früh begonnen. Innerlich war ich auch als Kabarettistin auf meinen vielen Theatertourneen mit der Frage beschäftigt: Gibt es einen Wert, für den es sich zu leben und notfalls auch zu sterben lohnt? In Berlin war ich umringt von verschiedenen Lebensentwürfen: Soll ich auf der Karriereleiter als Theater- und Filmschauspielerin weiter nach oben steigen und viel Geld verdienen? Soll ich eine große Familie gründen? Es war alles drin. Meine Suche nach Wahrheit, nach Gott war sehr intensiv und hat mich umgetrieben.

Das Koordinatenkreuz als Ordnungsprinzip

Haben Sie die Religion mit der Muttermilch eingesogen?
In Lübeck gingen meine protestantischen Eltern traditionsgemäß nur am Silvesterabend zum Absingen in die Kirche: „Nun danket alle Gott ...". Für sie waren Goethe, Eckermann, Nietzsche und Thomas Mann interessant, aber Gott wurde totgeschwiegen. Und der Religionsunterricht in der Schule verdiente eigentlich gar nicht seinen Namen.

Wo haben Sie zum ersten Mal einen Menschen getroffen, der von seinem christlichen Glauben überzeugt war?
Mit 18 Jahren begegnete ich dem ersten bekennenden Christen, einem Katholiken. Er empfahl mir das Buch von Otto Karrer „Das Religiöse in der Menschheit", in dem das Christentum mit dem Animismus und den Hochreligionen verglichen wird. Darin las ich, dass nur der biblische Glaube und insbesondere das Leben Jesu ein geschichtliches Fundament haben: die historische Gestalt Jesus von Nazareth in seiner Spannung zwischen Leben und Tod sowie seine Verknüpfung vom Göttlichen mit dem Irdischen.

Der Glaube an einen Schöpfergott steht für mich unverzichtbar am Anfang meines Denkens. Der Mensch fragt über sich hinaus. Mein eigenes Dasein – woher ich komme und wohin ich gehe – kann ich ohne Gott nicht zu Ende denken.

Das große Verdienst von Immanuel Kant besteht darin, dass er das Verhältnis von Glaube und Wissen, Gefühl und Vernunft zur Versöhnung gebracht hat.

Als langjährige Sprecherin des „Wortes zum Sonntag" im Fernsehen mussten Sie „dem Volk aufs Maul schauen" (Luther), um die Christusbotschaft verständlich zu machen. Wie bringt man die Botschaft vom Kreuzestod Jesu rüber?
Ich habe zum Beispiel gesagt: „Wir wissen doch alle aus dem Mathematikunterricht, was ein Koordinatenkreuz ist, also eine Achse waagerecht und eine Achse senkrecht. Erst jetzt kann ich bestimmen, was oben und unten, rechts und links, vorne und hinten ist. Dieses Ordnungsprinzip erstreckt sich auf meinen Kühlschrank und auf mein ganzes Leben. Im Kreuz Jesu treffen und kreuzen sich die göttliche und menschliche Dimension."

Glaubwürdige Zeugenaussagen

Wie kann ich aber einen skeptischen Zeitgenossen mit dieser Christusbotschaft vertraut machen?
Nach wie vor lese ich mit Herzklopfen den Ersten Johannesbrief im Neuen Testament. Da bezeugt der Apostel Johannes: „Was wir gesehen, gehört und mit unseren Händen angefasst haben, das verkündigen wir euch.“ Die zwölf Apostel waren total ergriffen von Jesus, dessen Leben, Tod und Auferstehung sich in Jerusalem und Galiläa abgespielt hat.

Die Kritiker könnten einwenden, die Augenzeugen haben vor 2000 Jahren gelebt. Das ist lange her.
Dadurch wird das historische Zeugnis doch nicht weniger glaubhaft. Es ist in die Menschheitsgeschichte eingegangen und hat bis auf den heutigen Tag überall seine unauslöschbaren Spuren hinterlassen.

Im Übrigen bin ich in fast allen Lebensbereichen von Glaubenszeugen abhängig. Wenn ich diese primitive Glaubwürdigkeit anzweifeln würde, bräche alles auseinander. Solange ich nicht die Beweise in der Hand habe, dass mich ein Mensch belügt, muss ich ihm vertrauen. Ich habe keine Beweise dafür in der Hand, dass mich die Apostel belügen wollten. Im Gegenteil, viele Christuszeugen haben ihren Glauben durch ihr eigenes Lebens- und Sterbenszeugnis als Märtyrer bestätigt. Dieser Qualitätshinweis ermöglicht uns, auch nach 2000 Jahren noch an diese Botschaft zu glauben, an deren Inhalt sich nichts geändert hat.

„Die Botschaft hör ich wohl, allein mir fehlt der Glaube“, würde Goethe sagen. Gibt es einen zündenden Funken?
Am wirksamsten erweist sich das intensive und anhaltende Gebet. Die Herangehensweise hängt jedoch von der jeweiligen Person ab, ob sie suchend, fragend, zweifelnd oder ablehnend ist. Meine Aufgabe als Christ besteht primär darin, mein persönliches Zeugnis zu geben, wenn ich darum gebeten werde oder es angebracht ist.

Wenn ich selbst diesen Glauben nicht wie eine brennende Flamme in mir habe, kann ich gleich den Mund halten. Man kann einem anderen diesen Glauben an Christus nicht auf-

schwatzen oder argumentativ dem anderen in die Brust stoßen. Ich muss ihn anstecken, so wie man sein Gegenüber ansteckt, wenn man Schnupfen hat. Glaube kann nur durch Ansteckung übertragen werden. Ich muss das, was mich innerlich selbst bewegt, preisgeben. Ich darf dieses Zeugnis nicht in theologisch akademische Floskeln hüllen, sondern nur aus der lebendigen Beziehung zu Christus heraus etwas sagen.

„Gelobt sei Jesus Christus!"

Wer hat ganz konkret bei Ihnen die Flamme des Glaubens entfacht?

Es war meine hochgebildete und fromme Konvertitenlehrerin Elisabeth Gräfin von Plettenberg. Sie war katholisch, aber ich wusste nicht, was das war. Auf unseren Familienreisen in andere Länder besichtigten wir gelegentlich auch alte Kirchen. Es war ein kleiner Ort am Bodensee, wo ich als siebenjähriges Mädchen zufällig das Ritual einer katholischen Messe für zehn Minuten miterlebte und anschließend begeistert nach Hause ging. Ich habe mich vor mein Bett gekniet, ein großes Kreuzeszeichen über mich gemacht und über alles nachgedacht, was ich zehn Minuten lang in dieser Kirche gesehen hatte.

Als 18-Jährige fragte ich meine Konvertitenlehrerin: „Wie finde ich denn nun heraus, ob es diesen Gott wirklich gibt?"

„Das ist ganz einfach", antwortete sie: „Sie müssen nur beten."

„Beten kann ich nicht", erwiderte ich.

„Doch, sagen Sie einfach: ‚Lieber Gott, wenn es dich gibt, dann bitte offenbare dich mir.'"

Dieser Satz blieb wie ein Stachel in meiner Seele hängen. Und ich sagte mir: Wenn du das nicht tust, kommst du hier keinen Schritt weiter. Ich hatte etwas Angst davor. Das muss ich schon gestehen.

Warum hatten Sie Angst?

Weil mir klar war, dass ich dann mein Leben ändern müsste.

Ich will Ihnen eine Geschichte erzählen: Ein Mann will sein Motorrad anlassen, aber es funktioniert nicht. Er tritt dagegen und benutzt die schlimmsten Schimpfworte.

Dann kommt ein Pfarrer vorbei und sagt: „Fluchen Sie doch nicht. Sagen Sie doch mal: ‚Gelobt sei Jesus Christus!'"

Der Mann befolgte den Rat und sagte: „Gelobt sei Jesus Christus." Und sofort sprang seine Maschine an und der Mann fuhr los.

Der Pfarrer steht völlig verdutzt da und sagt: „Das hätt ich aber nicht gedacht."

Genauso war es bei mir. Ich hatte etwas Manschetten. Es könnte ins Auge gehen.

„Wenn es dich gibt, Gott, offenbare dich mir."

Wer wagt, gewinnt. Wie haben Sie sich verhalten?
Ich lag auf meiner Couch und dachte darüber nach: Will ich zu Gott beten oder nicht? Plötzlich fiel es mir wie Schuppen von den Augen und mein Gefühl sagte: Gott gibt es wirklich. Er steht schon in der Tür. Ich bin von meinem Bett aufgestanden, auf die Knie gegangen und habe gebetet: „Lieber Gott, ich weiß zwar nicht, was ich tue, aber ich bete zu dir, auch wenn ich nicht genau weiß, was ich tue. Aber ich bete und ich danke dir."

Hatte dieses schlichte Gebet irgendwelche Auswirkungen?
Ich habe drei Tage lang nicht in den Spiegel gucken können, denn ich war ein völlig anderer Mensch geworden. Wenn Sie nicht mehr wissen, was mit Ihnen passiert, ist das sehr spannend.

Mein Leben hat sich daraufhin grundlegend verändert. Ich habe mich ganz und gar mitgenommen. Da ist nichts übrig geblieben von mir, nichts abgespalten. Ein völliger Neuansatz in meinem Fühlen und Denken über mich selbst und Gott. Es gibt Gott, vielen Dank!

Was Sie da erzählen, hört sich für viele skeptische Zeitgenossen sehr mysteriös an.
Für mich war es ein Überwältigtwerden, von dem ich in jenem Augenblick nicht wusste: Werde ich standhalten oder nicht? Denn man kann sich einem solchen Erleben auch wieder entziehen.

Als kritisch denkender Mensch habe ich lange gebraucht, um der Versuchung zu widerstehen, diese Erfahrung anzuzweifeln: Du hast jetzt drei Tage darüber nachgedacht. Du bist womöglich übergeschnappt. Wie viel Autosuggestion mag bei einem solchen Erleben mitspielen nach dem Motto: Es geht mir von Tag zu Tag in jeder Hinsicht immer besser.

Fragen bedrängten mich: Lass es fallen! Gib es auf! Meiner Familie konnte ich davon nichts erzählen. Als ich durchblicken ließ, dass ich an der Gottesfrage und katholischen Konfession interessiert sei, gab es einen gewaltigen Protest und Widerspruch – ich sei doch verrückt.

„Aus eurer Sicht mag das alles richtig sein, was ihr sagt", erwiderte ich. „Aber was ich erfahren habe, ist in seiner Qualität ganz unbezweifelbar."

Ich hatte begriffen, dass meine Gotteserfahrung ein unverdientes Geschenk war. Ich werde es nie anders nennen. Aber diese Gnade muss sich bewähren.

„Ich wollte heiraten und sechs Kinder bekommen."

Während Sie Ihr Bekehrungserlebnis behutsam und doch sehr eindeutig mit Worten zu beschreiben versuchten, werde ich an André Frossard aus Frankreich erinnert. In den 70er-Jahren lüftete der damals 54-jährige hoch geschätzte Journalist und Kolumnist des Figaro sein Glaubensgeheimnis, das er als Zwanzigjähriger in einer Pariser Kirche hatte.

Der Sohn des ersten Generalsekretärs der Kommunistischen Partei Frankreichs wird überwältigt von der Gegenwart Gottes, von dem er sagt: „Ich werde nie mehr seinen Namen schreiben können, ohne dass mich die Sorge überfällt, seine Liebe zu verletzen. Ich stehe vor ihm als ein Kind, dem das Glück zuteil geworden ist, Verzeihung zu finden, und das erwacht, um zu erfahren, dass alles Geschenk ist. Als Skeptiker und militanter Atheist hatte ich diese Kirche betreten. Ich ging wenige Minuten später hinaus als Christ, getragen und emporgehoben, immer von Neuem ergriffen und fortgerissen von der Woge einer unerschöpflichen Freude. Meine Ge-

fühle, meine innere Welt, meine Gedankengebäude, in denen ich mich schon häuslich eingerichtet hatte, waren nicht mehr da. Selbst meine Gewohnheiten waren verschwunden, mein Geschmack verwandelt." (A. Frossard, Gott exisitiert. Ich bin ihm begegnet, Herderbücherei Freiburg 1972)

Im Jahre 1938 sind Sie Christin geworden und 1951 ins Kloster eingetreten. Was hat sich in der Zwischenzeit auf geistlichem Gebiet ereignet, abgesehen davon, dass Sie weiterhin auf der Theaterbühne und vor der Filmkamera standen und zwischenzeitlich im KZ gewesen sind?
1938 bin ich in die katholische Kirche aufgenommen worden. Ein Jahr später wurde ich ins Kloster des Erziehungsordens „Sacré Coeur" in Berlin zu einer dreitägigen Besinnungstagung eingeladen. Während der ganzen Zeit haben die teilnehmenden ehemaligen Schülerinnen und Nonnen nur geschwiegen. Ich war gerade zwanzig Jahre alt geworden und wäre fast gestorben. Dieses Schweigen war ein ungeheurer Eingriff in meine bisherigen Lebenserfahrungen. Die Nonnen waren hinreißend und hatten viel Charme. Als ich ein halbes Jahr später vor der Oberin stand und in das Kloster eintreten wollte, sagte sie, ich solle erst mal ein paar Jahre meinen christlichen Glauben leben und vielleicht ein Lehramtsstudium absolvieren, und dann wollte sie es sich noch einmal überlegen.

Neben meiner künstlerischen Arbeit habe ich in Abendkursen mein Abitur nachgeholt und anschließend Deutsch, Englisch, Geschichte und Philosophie studiert. Geliebäugelt habe ich mit dem Gedanken zu heiraten und sechs Kinder zu bekommen. So lernte ich dann auch einen entzückenden Mann kennen. Bis zum Verlobungsring sind wir gekommen, dann musste er an die Front. Bei der Verabschiedung sagte er: „Wenn ich wirklich vom Russlandfeldzug zurückkommen sollte, muss ich mein Leben dem lieben Gott zur Verfügung stellen und Priester werden." Er ist nie zurückgekommen und ich blieb bei meinem ursprünglichen Wunsch, Ordensfrau zu werden.

„Bilde unser Herz nach deinem Herzen"

Mit 33 Jahren haben Sie der Kabarettistin und Filmschauspielerin auf der Bühne den Rücken gekehrt und hinter den Kulissen als Nonne im schwarzen Habit die „Rolle Ihres Lebens" übernommen. Sie sind dem Erziehungsorden vom heiligsten Herzen Jesu beigetreten. Welches geistliche Ziel strebt Ihr Orden an?

Unser Herz schlägt für das Herz unseres Erlösers Jesus Christus, dem Menschen- und Gottessohn. Sein menschliches Herz war erfüllt von göttlicher Liebe, um deretwillen er seinen Leib für uns geopfert hat. Wir wollen uns inspirieren lassen von seiner demütigen und sanftmütigen Herzensgesinnung gegenüber seinem göttlichen Vater, seinen Mitmenschen und seinem Schicksal. Deshalb beten wir oft: „Bilde unser Herz nach deinem Herzen."

Diese Gedanken erinnern mich an Ignatius von Loyola, den Gründer des Jesuitenordens, der seinen Mönchen bestimmte geistliche Übungen, Exerzitien, zur Vertiefung ihres Glaubens vorschrieb.

Die Jesuiten waren tatsächlich die großen Lehrmeister für unsern Orden. Allen Kindern der zu unserm Orden gehörenden Schulen geben wir Hilfestellungen, wie sie eine persönliche Beziehung zum Heiland finden und ihn lieben lernen können. Wir geben ihnen Anleitungen, um sich in Jesus hineinzudenken auf seinen Wegen, in seinen Begegnungen und seinem Tun.

Aus dem Geist der Auferstehungsfreude heraus habe ich mit Lehrern und Schülerinnen viele Feste gefeiert. Unter meiner Anleitung und Mitarbeit meiner ehemaligen Kollegin, der bekannten Kabarettistin Ursula Herking, haben wir viel Theater gespielt. Die Eltern lobten immer wieder die heitere Stimmung an unserer Sophie Baret-Schule in Hamburg, die bis heute einen sehr guten Ruf genießt.

In seinen Exerzitien spricht Ignatius unter anderem von einem Vier-Wochen-Rhythmus. Worum geht es da inhaltlich?

In der ersten Woche besinne ich mich auf Gott, der mich geschaffen hat. In der zweiten Woche kreisen meine Gedanken um mich selbst. Es geht um eine Standortbestimmung, wie ich mich in meinem Verhältnis zu mir selbst, zu andern Menschen und zu Gott sehe. Mit dem Erlösungswerk, dem Leiden, Sterben und Auferstehen Jesu, beschäftige ich mich in der dritten Woche. Gejubelt wird in der vierten Woche, weil ich mir bewusst mache, wie reich mich Gott beschenkt hat. Er schenkt mir das Bewusstsein seiner Gegenwart, vergibt meine Schuld, begleitet mich auf meinen Wegen und öffnet mir den Horizont, hinter dem es weitergeht. Denn Christus ist auferstanden und hat dem Tod die Macht genommen.

Wenn ich diese Hoffnung über meinen Tod hinaus nicht hätte, wäre mein Leben letztlich sinnlos. Dann gibt es im Grunde auch keine endgültige Zielvorstellung und Vollendung mehr. Das könnte ich nur von der unvollendeten Symphonie von Schubert ertragen.

Die Nonne auf der Startpiste

Gestern sagte mir ein Tennisfreund, der das biblische Alter schon überschritten hat: „Ich stehe auf der Abschussrampe." Für ihn gibt es nur ein Ende mit Schrecken und keine Vollendung. Sie sind zehn Jahre älter als der „Abschusskandidat". Wie sieht Ihre Zukunft aus?
Ich befinde mich auf der Startpiste. Hinter mir habe ich verschiedene Lebensphasen: Jungsein, erwachsen werden und alt werden. Jetzt befinde ich mich im Zustand des Altseins mit allem, was da an Beschränkungen und Beschwerden hinzukommt.

Ich finde es aufregend, überraschend und spannend, was dem lieben Gott alles so einfällt und wie man in diesem spürbar enger und kleiner werdenden Spielraum sich da zurechtfindet, ohne muffig und schlecht gelaunt zu werden und positiv auf die Herausforderungen dieser interessanten Lebensphase zu reagieren.

Und was ist das Geheimnis Ihrer heiteren Gelassenheit?
Die Ordensfrau antwortet mit einem Choral, den sie singt: „Wer nur den lieben Gott lässt walten und hoffet auf ihn allezeit, den wird er wunderbar erhalten in aller Not und Traurigkeit. Wer Gott, dem Allerhöchsten traut, der hat auf keinen Sand gebaut."

Ich bemühe mich mein christliches Leben lang um ein wirklich intaktes, funktionsfähiges Einvernehmen mit dem, was Gott will.

Die heitere Gelassenheit kommt ins Spiel, wenn man sich

wirklich loslässt, fallen lässt und Gott überlässt. Das lässt sich leichter denken als tun. Manchmal macht es mich verrückt, dass ich mir immer häufiger helfen lassen muss. Andererseits lerne ich auch immer besser begreifen, dass Gottes Kraft in den Schwachen mächtig ist.

Gott ist größer als unser Herz

In unserem Gespräch haben Sie den Ersten Johannesbrief erwähnt. An einer andern Stelle sagt derselbe Apostel: „Gott ist größer als unser Herz."
Ja, das ist wohl wahr. Das sage ich mir selbst und anderen Menschen, wenn sie eine quälende Frage oder ein Leiden bedrückt, womit sie nicht fertig werden.

Als junger Mensch kommt man nicht so schnell darauf, weil man alles selbst machen will: Ich bin dran, ich muss mich anstrengen, ich kann mich nur auf mich selbst verlassen. Auch diese Lebensphase hat etwas für sich, um sich selbst zu finden und zu motivieren. Dieser Tatendrang sollte auch im hohen Alter nicht gänzlich erlöschen. Ich lerne auch heute noch pausenlos dazu. Deshalb finde ich mein Leben nicht langweilig. Mit zunehmendem Alter schwindet allerdings die Unabhängigkeit und die Abhängigkeit nimmt zu.

Am Ende des Johannesevangeliums kommt es zu einer Begegnung des auferstandenen Christus mit dem Apostel Petrus. Da sagt Jesus: „Als du jung warst, hast du getan, was du wolltest, und du hattest deine eigenen Ziele. Im Alter aber wirst du deine Hände ausstrecken, und ein anderer wird dich führen, wohin du (manchmal) nicht willst ..." Wie werden Sie damit fertig?
Indem ich Jesus nachfolge und mich in seine Gesinnung versetze. Wenn der Vater seinen Sohn den Weg zum Kreuz hat gehen lassen, dann kann ich nur dankbar sein, dass Christus all das durchlebt und durchlitten hat, was mir zustoßen könnte. Im Glauben bin ich an Jesus Christus so gebunden, dass ich auch meinen Tod annehmen kann: Christus ist mein Leben, der mir durch seine Auferstehung von den Toten die Hoffnung auf ein ewiges Leben gegeben hat.

Wie das sein wird, weiß ich nicht. Gott hat andere Vorstellungen von Raum und Zeit.

Scheel fragt Tünnes, wo er denn so lange geblieben sei.

„Ich war beim lieben Gott und habe ihn gefragt, was denn tausend Jahre bedeuten."

„Ach, eine Minute", hat er geantwortet.

„Und was bedeuten dir tausend Taler?"

„Ach, einen Groschen."

Dann habe ich ihn gebeten: „Leih mir doch bitte einen Groschen."

Darauf hat Gott gesagt: „Warte eine Minute."

Mit welchen Gefühlen blicken Sie auf Ihr bewegtes Leben zurück?

Ich bin zutiefst dankbar und einverstanden mit dem, was war und wie es ist und wie es sein wird.

Kurz vor ihrem Tod besuchte ich Mutter Teresa in Kalkutta und fragte sie, was sie sagen wird, wenn sie einmal im Himmel vor Jesus steht. Sie antwortete spontan: „Ich würde ihm danken, dass er mir auf Erden einen Platz unter den Ärmsten der Armen zugewiesen hat. Was Besseres hätte mir nicht passieren können."

Was würde die deutsche Ordensfrau und ehemalige Kabarettistin Isa Vermehren aus Köln sagen?

Ich muss aufpassen, dass mir jetzt nicht eine dumme Kölner Antwort einfällt.

Tun Sie Ihren Gefühlen keinen Zwang an

„Jott sei Dank, et hät jeklapp!"

Wie sich ein lang ersehnter Traum erfüllte

Paddy Kelly, *Pop- und Rocksänger und Musikproduzent der „Kelly Family".*

Die Lebensgeschichte der „Kelly Family" klingt fast wie ein Märchen: Es war einmal ein glückliches Ehepaar – Barbara Anne und Daniel Jerome Kelly. Mit den ersten vier Kindern verließen die beiden 1966 ihre Heimat in den Vereinigten Staaten und ließen sich in Südspanien nieder. Hier betrieb Vater Daniel zunächst ein Antiquitätengeschäft und danach eine Künstlerkneipe. Tänzerin Barbara gab ihren Kindern Ballett- und Musikunterricht. Aus Spaß am Musizieren trat die Folkloregruppe bei Geburtstagsfeiern, Hochzeiten und Stadtfesten auf, bis die „Kelly Kids" 1975 im spanischen Fernsehen ihr Debüt gaben.

Ein Jahr später fuhr die ganze Familie nach Rom, wo der Vater vor seiner Heirat vier Jahre lang das Jesuitenkolleg besucht hatte. Dort wurde ihr Kleinbus bis auf die Instrumente und Reisepässe ausgeraubt. Sie hatten kein Geld mehr und standen buchstäblich auf der Straße, und so entschlossen sie sich, auf Roms öffentlichen Plätzen zu singen, um auf diese Weise zu etwas Geld zu gelangen.

Passanten scharten sich um die Musikanten, spendeten begeistert Beifall und das Geldkörbchen wurde immer voller. Am Ende des ersten Tages verkündete Vater Dan: „Kids, our life has changed!“ – „Kinder, unser Leben hat sich verändert!“ Wie Zigeuner reiste die singende „Kelly Family“ von nun an von Land zu Land. Sie lebten zeitweise in Österreich, den Niederlanden, in Irland und Deutschland. Ihren ersten Plattenvertrag unterschrieben die immer populärer werdenden Straßenmusiker 1977 in Deutschland. Drei Jahre später wurde ihr Song „Who will come with me“ Spitzenreiter der niederländischen und belgischen Hitparade. Es folgten vierzig Fernsehauftritte.

Als Mutter Barbara 1981 an Brustkrebs erkrankte, kehrte die Familie in das südspanische Pamplona zurück und mit dem Tod der geliebten Mutter ein Jahr später starb zunächst auch die viel versprechende Karriere. Allmählich fasste die „Kelly Family“ aber wieder neuen Mut und 1983 ging sie dann schließlich erneut auf Wanderschaft. Sie lebten in Paris, zogen als Straßenmusiker durch 20 Bundesstaaten der USA und kehrten schließlich 1988 nach Deutschland zurück, wo sie eine Zeit lang auf einem Hausboot sesshaft wurden.

Live-Auftritt vor 250.000 Fans in Wien

Nach mancherlei Schicksalsschlägen gelang der „Kelly Family“ 1994 mit ihrem in Europa 4,5 Millionen Mal verkauften Album „Over the Hump“ der endgültige Durchbruch. Dieses Album ist bis heute (2004) der meistverkaufte Tonträger Deutschlands aller Zeiten. Alle europäischen Fernsehstationen rissen sich Mitte der 90er-Jahre um die populäre Band, die bis 1995 große Publikumspreise wie den „Bambi“, den „Goldenen Löwen“, die „Goldene Europa“ und den „Deutschen Videopreis“ gewann. Die „Kelly Family“ füllte auf ihren Konzerttourneen viele Fußballstadien in ganz Europa. Ihren größten Live-Auftritt feierten sie in Wien vor 250.000 Menschen.

Bis heute (2004) haben sie 15 Millionen Platten verkauft sowie 48 Gold- und Platin-Auszeichnungen in ganz Europa erhalten.

Ihren Hautwohnsitz verlegte die „Kelly Family" 1998 in die Nähe von Köln und „residierte" fortan in dem von ihnen erworbenen Schloss Gymnich, dem früheren Gästehaus der Bundesrepublik Deutschland, in dem hohe Staatsgäste untergebracht worden waren. Mit dem Tod ihres geliebten 71-jährigen Vaters erlebten die „Schlosskinder" erneut die schmerzliche Vergänglichkeit des menschlichen Lebens.

Die Eltern waren nun beide tot, aber das Leben der 12 Kelly-Kinder ging weiter. Sechs von ihnen setzten die musikalische Tradition der „Kelly Family" fort: Angelo, Jimmy, Joey, Maite, Paddy und Patricia. Im Rahmen ihrer Europa-Tournee stellte die Kelly Family am 2. Mai 2004 auch im „Phantasialand" in Brühl bei Köln ihr neues Album „Homerun" („Heimkehr", „Volltreffer") vor. Hier traf ich Paddy Kelly, das zehnte „Kind" der Familie und den Liebling der Kelly-Fans zu unserem Gespräch.

„Paddy, wo sind deine langen Haare?"

Paddy, vorhin, als du ins Rampenlicht der Bühne getreten bist, hat hinter mir ein junges Mädchen auf den voll besetzten Rängen des Silverado Theatre geschrien: „Paddy, wo sind deine langen Haare?" Viele deiner Fans haben dich seit zwei Jahren nicht mehr in der Öffentlichkeit gesehen.

Meine Haare habe ich im Frühjahr 2002 abschneiden lassen. Damals war ich 25 Jahre alt. Ich hatte einfach keine Lust mehr, die Haare ständig zu waschen und in Form zu halten.

Vielleicht habe ich mit der veränderten Frisur aber auch unbewusst eine neue Seite in meinem Leben aufgeschlagen. Jeder Mensch kommt in ein Alter, wo er erwachsen werden will, obwohl das Kind im Manne nicht sterben sollte. Tatsächlich hat für mich ein neuer Lebensabschnitt begonnen.

Ich kann mich noch gut an meine erste Begegnung mit dir erinnern. Du hast damals als 15-jähriges Teeny-Idol mit schulterlangen Haaren mit deinen Geschwistern das Lied „An Angel" gesungen. Mit diesem Hit, der millionenfach verkauft wurde, habt ihr auch das heutige Konzert beendet. Was willst du mit diesem von dir getexteten und vertonten Song ausdrücken?
„Manchmal wäre ich gerne ein Engel", singe ich. „Ich wünschte, ich wäre wie du und hätte dein Paar Flügel. Davon träumte ich in der letzten Nacht, als ich auf der Jagd nach Schmetterlingen war, bis der Sonnenaufgang meine Augen öffnete."

Dieses Lied spiegelt die Sehnsucht vieler Menschen wider. Wie gerne würden wir manchmal davonfliegen in eine schönere Welt, die wir in unseren Träumen erleben und gerne festhalten möchten.

Wenn ich in deine strahlenden Augen schaue, kommt es mir vor, als hätte dich ein Engel berührt. Du strahlst eine Ruhe und Zuversicht aus, die mich beeindrucken. Woran könnte das liegen?
Vielleicht hat es etwas mit dem zu tun, was der Kirchenvater Augustinus mal gesagt hat: „Wir sind zu dir hin geschaffen, o Herr, und unser Herz ist so lange unruhig, bis es ruht in dir." Jeder Mensch ist von Gott geschaffen, aber nur wenige haben es begriffen. Ich habe meine Ruhe in Gott gefunden.

Wie bist du auf diese göttliche Spur gekommen? Haben deine Eltern dir dieses Gottvertrauen vorgelebt?
Mein Vater wollte ursprünglich Mönch werden. Er hat sogar vier Jahre im Jesuitenorden in Rom gelebt und im Kloster Sankt Gregoriano Theologie und Kirchengeschichte studiert. Dann hat er sich doch anders entschieden und geheiratet. Aus seiner ersten gescheiterten Ehe brachte er vier Kinder mit und mit meiner Mutter hatte er dann noch acht Kinder. Mutter wollte eigentlich 15 Kinder haben.

Seine Stärke war weniger die christliche Unterweisung in Worten, als vielmehr in Taten – Taten, die mir immer in Erinnerung bleiben werden. Dafür gibt es viele Beispiele. Als es dem Zirkus Roncalli, in dem wir hin und wieder aufgetreten waren, finanziell sehr schlecht ging, hat mein Vater zusammen mit den älteren

Kindern in Wien auf der Straße gesungen und dem Roncalli-Besitzer Bernhard Paul abends das gespendete Geld auf den Tisch gelegt und gesagt: „Für deinen Traum."

Solche Aktionen hat er ständig und überall gebracht, eine unendliche Geschichte – in Irland, Deutschland, Spanien, Österreich und überall. Diese praktische Nächstenliebe hat sich uns Kindern sehr stark eingeprägt. Es ist uns so in Fleisch und Blut übergegangen, dass wir fast schon automatisch auf ähnliche Weise Barmherzigkeit üben, ohne uns darauf etwas einzubilden. Es ist für uns selbstverständlich geworden. Was wir bei unseren Eltern hautnah miterlebt haben, möchten wir gern als Geschenk an hilfsbedürftige Menschen weitergeben.

„Keep your spirit free"

Vor zwei Jahren (2002) ist dein Vater gestorben. Wie habt ihr Kinder seinen Tod erlebt?

Über viele Jahre hinweg ist die „Kelly Family" auf der Erfolgswelle geschwommen und Vater hat die Hauptlast der Verantwortung getragen. Durch die Hektik und den materiellen Reichtum, der verkraftet und verwaltet werden musste, haben wir sehr oberflächlich gelebt. Wir haben Zeit und Energie in die Arbeit gesteckt und dabei wenig an Gott gedacht.

Nach seinem zweiten Schlaganfall konnte Vater sich nicht mehr um die Geschäfte kümmern und fand wieder zu einer intensiveren Beziehung zu Gott zurück, bevor er uns endgültig verlassen hat.

Hat euer Vater sich auf seinen Tod vorbereitet, und wusste er, dass er sterben würde?

Unser Vater war acht Monate ans Bett gefesselt und konnte sich kaum noch verständigen. In den letzten Wochen vor seinem Tod kamen alle Geschwister von nah und fern – aus den USA, aus Irland und Spanien – angereist und angeflogen. Erst als die ganze Familie beisammen war, schlug seine Sterbestunde. Es war unglaublich, wie bewusst und mutig Vater dem Tod ins Auge blickte. Für mich war es seine eindrucksvollste Tat; denn er wusste, dass der Tod nur der Durchgang zum ewigen Leben ist.

Die französische Heilige Therese von Lisieux hat einmal gesagt: „Der Tag meines Todes wird das größte Fest meines Lebens sein." Es ist schön, dass es Menschen gibt, die so denken.

Gibt es ein Vermächtnis deines Vaters, das dein Leben bis heute prägt?
In den letzten Monaten konnte er sich nur noch mit Händen und Blicken verständigen. Als ich 19 war, hat er mir ein Wort mitgegeben: „Keep your spirit free." Mein Vater wollte mir zu verstehen geben, mich von nichts und niemandem einschränken zu lassen. Vater ging davon aus, dass Gott jeden Menschen zu einer einmaligen Persönlichkeit geschaffen hat, die man nicht umformen sollte. Es ist wichtig, die eigenen Talente zu entdecken und zu fördern, und wenn der Geist nicht frei ist, kann er sich auch nicht entfalten. Also, egal, was im Leben passiert: Keep your spirit free.

Der Wiener Psychologe Viktor Frankl hat in seinem Buch „Trotzdem Ja zum Leben sagen" seine Erfahrungen als KZ-Häftling unter Adolf Hitler aufgeschrieben. Da setzt er sich auch mit der Freiheit des Geistes auseinander. Man könne dem KZ-Häftling alles nehmen, nur nicht die letzte menschliche Freiheit, sich zu den gegebenen Verhältnissen so oder so einzustellen, betont er. Es habe im Lager jeden Tag Tausende Gelegenheiten gegeben, diese innere Einstellung einzunehmen. Überlebt hätten nur jene KZ-Häftlinge – wenn sie nicht vorher vergast wurden –, die sich von ihren Peinigern nicht in ihrem Geist gefangen nehmen ließen.

„Keep on singing"

Paddy, deine Mutter starb an Krebs, als du vier Jahre alt warst. Erinnerst du dich noch daran, wie du ihren Tod damals erlebt hast?
Meine Mutter war längere Zeit sehr krank. Und mein Bruder Angelo war erst zehn Monate alt, als sie starb. Ich erinnere mich daran, dass sie große Schmerzen hatte und dass regelmäßig der Arzt kam. Uns Kinder tröstete sie mit den Worten: „Ich werde immer bei euch bleiben, auch wenn ich gestorben bin. Dann wohne ich nur in einem anderen Zimmer."

Mutter hat uns auch ein Vermächtnis mitgegeben: „Keep on singing!" – „Hört nie auf zu singen!" Dieser Satz hat unsere Fa-

milie jahrelang motiviert; denn nach dem Tod unserer Mutter (1982) ging es der „Kelly Family" finanziell sehr schlecht. Zwölf Jahre lang schufteten wir regelrecht auf der Straße. Weil ich jünger war, mussten die älteren Geschwister die größere Last tragen. Unsere Familie wuchs in dieser leidvollen Zeit zusammen, weil wir einander brauchten und gemeinsam von Mutters motivierender Aufforderung geleitet waren: „Keep on singing!"

„Wer singt, betet zweimal", hat der heilige Augustinus gesagt. Und von Mutter Teresa stammen die Worte: „Eine Familie, die zusammen betet, bleibt auch zusammen." Wir haben viele Lieder, die für uns eine Art Gebet geworden sind.

Schulausbildung und Hobby

In unser Gespräch schaltet sich meine elfjährige Enkeltochter Berenike ein, die neugierig geworden ist.

Berenike: Paddy, wo bist du zur Schule gegangen?
In den Vereinigten Staaten besaßen mein Vater und zwei Onkel eine Privatschule. Als wir nach Spanien zogen, hat Vater uns noch zu Hause unterrichtet. So haben alle zwölf Kelly-Kinder niemals eine öffentliche Schule besucht.

Berenike: Ihr seid ja immer wieder umgezogen, von Land zu Land, wo andere Sprachen gesprochen wurden, wie Spanisch, Italienisch, Deutsch und Französisch. War das nicht schwierig?
Unsere Muttersprache war immer Englisch. Aber wenn wir zum Beispiel in Deutschland wohnten, haben wir von den Deutschen die Landessprache gelernt. Und so ging es überall, sodass wir uns im Laufe der Zeit in fünf Sprachen gut verständigen konnten. Mit der Grammatik hapert es allerdings oft ein wenig.

Berenike: Konnte euer Vater euch keinen Sprachunterricht erteilen?
Nein, mein Vater sprach ursprünglich auch nur Englisch und ein wenig Französisch. Im Rom bei den Jesuiten hat er noch Griechisch und Lateinisch gelernt. Die Sprachen mussten wir Kinder eben dadurch lernen, dass wir uns unter das Volk mischten. Aber

Vater hat von Zeit zu Zeit Privatlehrer ins Haus geholt, wenn er die Schulfächer nicht mehr beherrschte.

Berenike: Was hast du für ein Hobby?
Ich zeichne sehr gern mit Eddingstiften auf Leinwand. Eine Technik, die nur wenige anwenden. Einige Dinge kann ich einfach nicht durch Musik ausdrücken, und dann hilft mir das Zeichnen, bestimmte Inspirationen trotzdem zum Ausdruck zu bringen. Ende dieses Jahres (2004) habe ich meine erste öffentliche Ausstellung.

Berenike: Von welchem Beruf hast du als Kind geträumt?
Wie meine älteren Geschwister wollte ich immer Musik machen und auf der Bühne stehen. Als kleiner Junge habe ich oft geheult, weil ich aus rechtlichen Gründen (Kinderschutzgesetz; Anm. d. Autoren) zu Hause bleiben musste, wenn die Eltern mit den älteren Geschwistern auf Tournee gingen. Was Schöneres, als öffentlich aufzutreten, konnte ich mir nicht vorstellen.

Herzlichen Glückwunsch, Berni, zu deinem ersten Interview.

Berenike und Paddy

Was mehr zählt als Ruhm und Erfolg

Eure zeitweilige materielle Armut verwandelte sich Mitte der 90er-Jahre in materiellen Reichtum, wie ihr ihn euch vielleicht immer erträumt hattet, oder?
Unsere materiellen Träume gingen in Erfüllung: Wir hatten davon geträumt, viele Häuser zu besitzen, in großen Stadien zu singen, auf einem Schiff zu leben und in einem Schloss zu wohnen. Keiner dieser Wünsche blieb offen. Wir haben unsere Träume gelebt.

Über Erfolg freut man sich natürlich und mit Geld kann man viel Gutes tun. Aber was im Leben wirklich zählt, kann man nicht mit Geld bezahlen. Unsere Familie hat das alles durchlebt und ist vielleicht deshalb so aufgeschlossen gegenüber Gott.

Jeder von uns kommt an den Punkt, wo man sich fragt: Wo komme ich her? Was mache ich hier? Wo geht es hin?

Meine Geschwister und ich sind katholisch getauft und erzogen worden. Mir genügt es nicht, nur aus Tradition mal in die Kirche zu gehen, sich eine Predigt anzuhören und dann wieder zur Tagesordnung überzugehen, als sei nichts passiert. Meine Erfahrung ist: Wenn du nicht von Gott ergriffen bist, ändert sich nichts in deinem Leben. Alles bleibt beim Alten. Du musst dich persönlich von ihm ansprechen lassen und ihm deine Antwort geben wie bei einer Hochzeitszeremonie. Gott hat uns sein Jawort gegeben. Erst wenn wir auch ihm unser Jawort geben und es täglich erneuern, sind wir mit ihm verbunden und erfahren seine Liebe.

Im Sterbehaus von Mutter Teresa gesungen

Du hast 2003 dein erstes Soloalbum mit originellen Songs im poppig-punkrockartigen, experimentierfreudigen Stil herausgebracht. Fühlst du dich als Exulant auf dieser Erde oder warum hast du den Titel „In Exile" („Im Exil") gewählt?
Ich habe versucht, einen Titel für mein Soloalbum zu finden, der meinen derzeitigen Zustand beschreiben soll. Ich bin freiwillig „ins Exil" gegangen und habe „außerhalb" meiner Familie ein eigenes Album produziert.

Aber Exil bedeutet für mich auch noch etwas anderes, wenn ich die philosophisch-religiöse Dimension berücksichtige. Für mich ist dieses irdische Leben eine Art Pilgerreise. „Wir sind nur Gast auf Erden", heißt es in einem Kirchenlied.

Die Vergänglichkeit des menschlichen Lebens ist ein Thema, das auch auf deinem Soloalbum zur Sprache kommt. Erstaunlicherweise liegen Leben und Tod oft gerade bei jungen Menschen ganz dicht nebeneinander. Offensichtlich beschäftigen sie sich mit diesen existenziellen Fragen mehr als ältere Menschen, die den Tod eher verdrängen. Wie sehen deine Erfahrungen aus?

Auf Grund einer repräsentativen Umfrage gehen in Deutschland 75 Prozent aller Jugendlichen im Alter zwischen 14 und 24 Jahren durch eine Phase, in der sie sich mit dem Suizid beschäftigen – gedanklich bis hin zu tatsächlichen Selbstmordversuchen.

In unserer Konsumgesellschaft wird der Mensch immer mehr zum Lust- oder Leistungsobjekt degradiert. Seine menschlichen Werte und seelischen Bedürfnisse bleiben auf der Strecke.

Mutter Teresa hat einmal treffend gesagt: „Die seelische Armut in den reichen westlichen Ländern ist schlimmer als die materielle Armut in den ärmsten Ländern der Welt."

Du hast dich drei Wochen lang in Kalkutta aufgehalten und die Arbeit des von Mutter Teresa gegründeten Ordens „Missionarinnen der Nächstenliebe" kennen gelernt. Als ich Mutter Teresa kurz vor ihrem Tod in Kalkutta besuchte und mich auch in ihrem Sterbehaus „Kalighat" aufhalten durfte, war ich überwältigt von der hingebungsvollen Liebe der Ordensschwestern.

Welche Erfahrungen hast du in „Kalighat" gemacht?

Die Schwestern im Sterbehaus haben mich aufgefordert, geistliche Lieder mit Gitarrenbegleitung zu singen, was ich gerne tat. Zuerst in einem Krankensaal mit etwa 40 nebeneinander liegenden Männern, die größtenteils im schwer kranken Zustand auf der Straße aufgelesen worden waren. Als ich meinen Song „Pray, pray, pray" („Bete, bete, bete") vortrug, stockte mir mitten im Lied der Atem. Vor Freude und Dankbarkeit war ich zwischen Lachen und Weinen hin- und hergerissen. Ich entschied mich für das Lachen, denn die fast leblosen Gestalten richteten sich teil-

weise auf, lächelten mich an und klatschten zaghaft in die Hände. Ich musste ein Lied nach dem andern singen. Ein 40-jähriger Inder lebte richtig auf. Er kannte einige Bob-Marley-Songs und ich sang sie mit ihm. Danach ging ich auch auf die Frauenstation und erlebte dieselbe Freude. Dieser „Auftritt" hat mir mehr gegeben als unser Konzert vor einer viertel Million Kelly-Fans in Wien.

Obwohl junge Menschen bei uns im Wohlstand aufwachsen und eine angemessene Schul- und Berufsausbildung bekommen, sind viele von ihnen frustriert. Enttäuscht wenden sie sich von ihren Eltern ab, weil ihnen die Geborgenheit fehlt; fast jede zweite Ehe in Deutschland wird geschieden und die allein erziehenden Elternteile sind oftmals überfordert. Ihren Frust müssen die enttäuschten Kinder abreagieren, indem sie aggressiv oder regressiv reagieren. Sie flüchten in Alkohol, Drogen und viele andere Exzesse. Irgendwann drängt sich ihnen die Frage auf: Was soll das blödsinnige Leben?

Tief in seinem Herzen spürt jeder Mensch, wenn er ehrlich zu sich selbst ist, dass die oben genannten Symptome nur vordergründig sind. Hinter jeder Sucht steckt eine Sehnsucht. Und wenn die Sehnsucht nach Gott ungestillt bleibt, suche ich Ersatzbefriedigungen, die kurzzeitig helfen, aber nicht von Dauer sind, denn jeder Rausch endet mit einem Kater.

Wo Liebe stärker ist als der Tod

Wie kommt der frustrierte und süchtige Mensch aus diesem Teufelskreis heraus?

Wenn zum Beispiel eine Liebesbeziehung zerbricht, reagiert der enttäuschte Partner oder die enttäuschte Partnerin im schlimmsten Fall mit Selbstmord, weil er oder sie denkt: Ich kann ohne den anderen nicht mehr leben.

Dahinter steckt aber die Tatsache, dass der Mensch auf Liebe angelegt ist und sich nach einer dauerhaften Geborgenheit sehnt, nach einer Liebe, die stärker ist als der Tod. Und diese Sehnsucht kann nur Gott stillen.

In meinem Song „Hope" („Hoffnung") habe ich eine solche Situation vor Augen, wenn ich singe: „Ich erinnere mich an einen Augenblick, in dem ich Selbstmord begehen wollte. Als ich am of-

fenen Fenster stand, hörte ich eine innere Stimme in mir, die mich davon abhalten wollte ... Die Gnade Gottes hat meine Leere ausgefüllt und ich habe wieder Hoffnung in meiner Seele."

Diese innere Leere verspürte auch der britische Popstar Cliff Richard, als sein Vater gestorben war und er sich sehr einsam fühlte. Cliff erzählte mir, er habe sich in diesem Augenblick gefragt, wer ihn eigentlich noch lieben würde, wenn er kein weltberühmter Sänger mehr sei. Das erlebe er jetzt schon, wenn nach der Show der Beifall verrauscht ist und er um Mitternacht das Licht in seinem Hotelzimmer löscht und ganz allein ist. Cliff hat sich auf die Suche nach Gott begeben und ihn gefunden.

Der Rockstar Jimmy Hendrix ist an seiner Einsamkeit zerbrochen und hat sich umgebracht, als ihm bewusst wurde, dass er nicht wirklich geliebt wird. „Ihr seid nur gekommen, um den Rockstar Jimmi Hendrix zu hören. Aber der Mensch Jimmi Hendrix interessiert euch nicht", hat er wiederholt auf der Bühne zu seinen Fans gesagt.

In deinem Song „Movie" sprichst du auch den Starkult an, dem du ausgesetzt bist. Kannst du uns etwas zu dem Lied sagen?

In meinem Lied beschreibe ich Erfahrungen, die ich zwischen meinem 17. und 19. Lebensjahr gemacht habe, als uns die Erfolgswelle gnadenlos überschwemmte. Ich konnte keinen Schritt mehr ohne Bodyguard tun. Was auch immer ich in der Öffentlichkeit tat oder sagte, stand am nächsten Tag garantiert in irgendeiner Zeitung. Im Augenblick ist es Gott sei Dank wieder ruhiger. Selbst auf der Toilette musste ich damals Autogramme geben. Der Starkult war unerträglich und die Fans nervten gelegentlich, wenn zum Beispiel einer das hundertste Autogramm haben wollte, weil 99 handschriftliche Grüße nicht ausreichten.

„Ich fühle mich wie jemand, der in einem Film ist", singe ich in dem Lied. „Wenn du eine Million Platten verkauft hast, bist du eine Berühmtheit und jeder möchte dich einladen. Du fühlst dich wie in einem Pool, umgeben von Haifischen und geldgierigen Gaunern. Manager und Agenten rufen dich ständig an. Welchen Sinn hat das alles, wenn ich am nächsten Morgen allein aufwache?"

Als Friedensdemonstrant in New York im Gefängnis

In deinem Leben ist ein neuer Morgen angebrochen. Dir sind die Augen nicht nur für deine Innenwelt, sondern auch für die Welt um dich herum geöffnet worden. Kontemplation und Aktion bilden für dich eine Einheit.

Die Westbank und das Heilige Land, die Palästinenser und Israelis – das ist ein heißes politisches Eisen, das du auf deinem Soloalbum „In Exile" anpackst. „Living in the line of fire", singst du. Das Leben in der Schusslinie ist dir nicht gleichgültig und du stellst ironisch fest: „Was richtig oder falsch ist, hängt davon ab, auf welcher Seite du stehst."

Deine Antwort auf dieses Dilemma findest du im Vaterunser: „Dein Reich komme, dein Wille geschehe ..."

Du hast auch politische Verantwortung übernommen und eine Stiftung für kulturelle Unterstützung in Asien und Afrika gegründet. Wie sehen deine Friedensaktivitäten aus?

Im Februar 2004 habe ich in Berlin eine halbe Million Friedensdemonstranten aufgefordert, mal eine Minute zu schweigen und sich eine Meditation von Mutter Teresa anzuhören:

Die Frucht der Stille ist das Gebet;
die Frucht des Gebetes ist der Glaube;
die Frucht des Glaubens ist die Liebe;
die Frucht der Liebe ist das Dienen;
die Frucht des Dienens ist der Friede.

Danach habe ich meinen Song „Pray, pray, pray" gesungen. Wenn wir nicht aus der Stille kommen und uns von Gott die Kraft schenken lassen, kommt wenig dabei heraus: „Durch Stillesein und Hoffen würdet ihr stark sein", heißt es in der Bibel (Jesaja 30,15; Luther).

Da ich auch amerikanischer Staatsbürger bin, habe ich mich der Friedensdelegation „Culture of Peace" („Kultur des Friedens") aus Deutschland angeschlossen. Zusammen mit der Friedensnobelpreisträgerin Mairead Maquire aus Belfast haben wir mit einer 40-köpfigen Gruppe eine stille Prozession mit einer an-

schließenden Barriere vor den Vereinten Nationen veranstaltet. Hier galt Demonstrationsverbot. Es war ein Ausdruck des zivilen Ungehorsams von uns, um zu demonstrieren, dass nicht das Recht der Macht, sondern die Macht des Rechts herrschen müsste. Mit anderen Worten: Wenn die USA einen Angriffskrieg ohne Zustimmung der Mehrheit der Vereinten Nationen und des Weltsicherheitsrates führt, verstößt sie gegen die Charta der Vereinten Nationen, die alle Mitgliedsstaaten unterschrieben haben.

Die Polzei hat uns vorübergehend ins Gefängnis gebracht. Das ist der entscheidende Unterschied. Wir friedlichen Demonstranten werden hart bestraft, weil wir eine harmlose Regel nicht eingehalten haben. Wenn aber eine Großmacht bedeutende Gesetze, zu denen sie sich selbst bekannt hat, gegen die Völkergemeinschaft bricht und einen Angriffskrieg entfesselt, kommt sie ungeschoren davon.

In der Weltpresse wurden Fotos von unserer Verhaftung in New York veröffentlicht – auch in irakischen Zeitungen. Ein irakischer Journalist erzählte mir unlängst, vor dem „Palästina-Hotel" in Bagdad, in dem die internationalen Presseleute untergebracht sind, sei ein auf Postergröße gezogenes Foto von meiner Verhaftung in New York angebracht worden. Die Überschrift des Fotos lautete: „Wenn ihr so mit euren prominenten Bürgern umgeht, wollen wir eure Art von Demokratie bei uns nicht haben." Im Übrigen haben die westlichen Journalisten unsere Friedensaktivitäten sehr positiv kommentiert.

Auf der Suche nach Gott

Dein politisches Verantwortungsbewusstsein resultiert aus deiner persönlichen Gottesbeziehung. Wie hast du zu Gott gefunden?

Auslöser war bei mir der Zerbruch einer Liebesbeziehung. Gleich nach der schmerzlichen Trennung von meiner Freundin habe ich den Song „Mama" geschrieben. Die Mutter ist ja die erste Frau, die man liebt. Wahrscheinlich hatte ich den Verlust meiner Mutter bis dahin niemals aufgearbeitet. Es war eine Lücke geblieben.

Als die Freundschaft zerbrach, war ich 21 Jahre alt. Obwohl ich in einem Schloss lebte, Ruhm und Erfolg hatte, spürte ich eine unheimliche Leere in mir. Mich ängstigten solche Fragen wie: Was mache ich hier? Worum geht es im Leben überhaupt? Was passiert, wenn ich sterbe?

Verzweifelt suchte ich damals im Koran nach Antworten. Ein buddhistischer chinesischer Freund meinte: „Wenn du leben willst, musst du stromaufwärts schwimmen. Zur Quelle des Lebens kommt man nur, wenn man gegen den Strom schwimmt." Dabei musste ich an Jesus denken, der seinen Jüngern gesagt hat: „Wer mir nachfolgen will, der [...] nehme sein Kreuz auf sich und folge mir nach" (Markus 8,34). Das Leiden muss nicht unbedingt sinnlos sein, es kann auch Früchte tragen.

Als ich in nichtchristlichen Weltreligionen keine befriedigende Antwort auf die Frage nach dem Sinn des Lebens fand, griff ich zu Hause zur Bibel. Beim Lesen der Evangelien, die das Leben Jesu erzählen, habe ich mich plötzlich persönlich angesprochen gefühlt. Irgendwie wurde ich von Christus ergriffen, davon, wie er sich auf die Probleme und Nöte der Menschen eingelassen hat.

In dieser Suchphase (1999) habe ich im Fernsehen eine Dokumentation über Lourdes gesehen, einen Wallfahrtsort in Frankreich, den jedes Jahr etwa fünf Millionen Pilger aus der ganzen Welt besuchen. Zuerst dachte ich, das sei nur was für Omas, die ihren Rosenkranz abbeten, oder für kuriose und wundersüchtige Menschen, aber nichts für mich, der ich doch einen gesunden Menschenverstand habe. Ich lachte über diesen religiösen Humbug.

Aber diese Bilder von betenden und kranken Menschen, die getröstet und manchmal sogar geheilt wieder nach Hause zogen, ließen mich innerlich nicht los. Lourdes zog mich wie ein Magnet an.

Zwei Tage später saß ich im Zug nach Lourdes und war bald inmitten vieler Menschen aller Altersgruppen und Nationalitäten. In Kirchen und auf freien Plätzen feierten die Gläubigen Gottesdienste, sie beteten und sangen fromme Lieder. Sie alle wollten Gott erfahren. Einige von ihnen hatten mystische Erlebnisse oder es lief ihnen ein Schauer über den Rücken. Mich ließ das alles ziemlich cool.

Ich beobachtete junge Leute, die voller Begeisterung waren. Schließlich kaufte ich mir auch einen Rosenkranz und fing einfach an, das „Vaterunser", „Gegrüßet seist du, Maria" und „Ehre sei dem Vater" zu beten. Am zweiten Tag ging ich in die Messe und rief die Mutter Gottes an. Sie hat mich zum persönlichen Glauben an Jesus geführt. Hier habe ich angefangen zu beten. Vier Tage war ich in Lourdes.

Ich war zwar vorher schon von der Existenz Gottes überzeugt, wie er sich in der Natur und auch in der Geschichte offenbart hat. Aber hier, in der Gemeinschaft mit anderen gläubigen Menschen, erfuhr ich Gott persönlich, auch wenn ich noch nicht wusste, wie sich diese Glaubensbeziehung weiterentwickeln würde. Aber hier kam der Stein ins Rollen, hier wurde der Same dieser Liebesbeziehung zu Gott gelegt, weil ich ihm mein Herz geöffnet hatte.

Die Gitarre ist wie meine Seele

Als Vergleich für deinen Umgang mit Gott hast du das Bild gewählt, wie du deine Gitarre behandelst. Kannst du dieses Bild erklären?

Ein Leben ohne Gott ist wie eine Gitarre ohne Koffer. Irgendwann entdeckt man die ersten Kratzer, es bilden sich Risse, das Holz biegt sich und geht bald kaputt.

Bevor die Gitarre gespielt wird, müssen die Saiten gestimmt werden. Diesen Vorgang vergleiche ich mit dem Gebet. Ich möchte in Harmonie und im Einklang mit Gottes Willen leben. Von Zeit zu Zeit müssen die Saiten gewechselt werden, weil sie abgenutzt und verdreckt sind und nicht mehr schön klingen. Das vergleiche ich mit der Beichte, zu der ich alle drei bis vier Wochen gehe.

Wenn ich meine Seele (Gitarre) in Gottes Hände lege, fängt sie wunderbar an zu tönen und zu spielen.

Beim katholischen Weltjugendtag in Rom habe ich mein Leben total in Gottes Hände gelegt: totus tuus. Seit diesem Schritt des Glaubens hin zur bedingungslosen Hingabe an Gott ist es nur bergauf gegangen.

Da meine damaligen Freunde keine Antenne für den göttlichen Funken hatten und mir deshalb auch nicht helfen konnten, im Glauben zu wachsen, erhielt ich durch Mönche in Klöstern eine Unterweisung im christlichen Glauben. Mit ihnen konnte ich Glaubenserfahrungen austauschen und vertiefen. So hat sich das Samenkorn des Glaubens inzwischen zu einer blühenden Blume entwickelt.

Außerdem habe ich noch junge Christen aus evangelischen

Landes- und Freikirchen kennen gelernt, mit denen ich meine Christuserfahrungen teilen kann. Wir diskutieren nicht über unsere konfessionellen Unterschiede wie Eucharistie, Marienverehrung, Beichte und Papstverständnis. Unser gemeinsames christliches Glaubensbekenntnis, das wir jeden Sonntag im Gottesdienst sprechen, verbindet alle christlichen Denominationen.

Die Entdeckung meines Lebens

In deinem Musikvideo, auf dem du deinen Hit „Pray, pray, pray" singst, möchtest du als Christ zu einem Dialog mit anderen Weltreligionen einladen, ohne dabei eine Kultur oder einen anderen Glauben zu diffamieren. Welches Ziel verfolgst du mit diesem Popvideo?
Wer Frieden in der Welt schaffen will, kommt an einem Gespräch mit den Weltreligionen nicht vorbei. Auf diesem Video werden Menschen aus unterschiedlichen Kulturen und Religionen bei der Ausübung ihres Glaubens im persönlichen Leben und auf ihren Pilgerreisen dargestellt.

Dabei wollte ich einfach zeigen, wie wichtig der Glaubensaspekt in allen Lebensbereichen ist, wie zum Beispiel Fußballfans, Autofahrer und Hausbewohner ihren Glauben ausleben ... Der Mensch ist unsterblich religiös.

Der Publizist Professor Dr. Peter Scholl-Latour sagte mir kürzlich, der Dialog mit anderen Weltreligionen, besonders mit dem Islam, sei lebenswichtig. Viele islamische Theologen bedauerten, dass es kaum noch Christen gäbe, die sich mutig zu ihrem eigenen Glauben bekennen. Man könne nur ein ernsthaftes Gespräch führen, wenn beide Seiten ihren Standpunkt verträten, dabei aber fair blieben. Welchen Standpunkt vertrittst du?
Kardinal Ratzinger ist einmal gefragt worden, wie viele Wege zu Gott führten. So viele Wege, wie es Menschen gibt, war seine Antwort. Wenn Hindus, Buddhisten, Moslems, Juden und Christen nach Berlin fahren wollen, werden sie auf Grund ihrer unterschiedlichen „Herkunft" verschiedene Autobahnen benutzen.

Für mich kommt nur die A2 in Frage; denn Christus ist für mich der Weg, die Wahrheit und das Leben.

Was bedeutet dir dein Glaubensverhältnis zu Jesus?
Das ist die wichtigste und intimste Frage überhaupt; denn Jesus ist mir näher, als ich es mir selbst bin. Deshalb ist jeder Versuch, in Worte zu fassen, was Jesus Christus für mich bedeutet, letztlich unvollkommen. Um aber konkreter zu werden, kann ich nur mit dem heiligen Franziskus bekennen: „Du bist mein Herr und mein Alles."

Durch die Hölle gegangen und im Himmel angekommen

Johnny Cash, *Country- und Folk-Legende*

„Hello, I am Johnny Cash." Mit diesen Worten stellte sich der legendäre Superstar der Country Music in jedem Konzert auf allen fünf Kontinenten seinen Fans vor. Seine sonore Stimme erklang erneut in meinen Ohren, als ich sein zerfurchtes Gesicht auf dem Flughafen von Toronto auf vielen Titelseiten internationaler Zeitungen und Magazine anschaute. Ein Steckbrief-Gesicht, das an Schlachtfelder oder auch an eine Landkarte denken lässt: Rotbraun wie die Wüste Nevadas, zerklüftet wie die Rocky Mountains, verkratert wie der Grand Canyon, Augen, so blau wie die nordamerikanischen Seen.

Dieses Gesicht gibt es nur noch in der Erinnerung, denn Johnny Cash ist tot, gestorben am 12. September 2003. Zurück bleiben traurige Fans und 1.500 Lieder auf weit über 100 Platten, die 60 Millionen Mal verkauft worden sind.

Für ewige Zeiten hat der legendäre Superstar seinen Platz als Mitglied in den begehrten Ruhmeshallen *Country Hall of Fame* und *Rock'n'Roll Hall of Fame* längst vor seinem Tod gefunden. Für Rockidole wie Bob Dylan, Keith Richards und Bruce Springsteen war er ein musikalischer Gott. Wiederholt sind wir uns persönlich hinter den Kulissen der Konzertbühnen und Sportarenen begegnet.

In den ersten Jahren des neuen Jahrtausends erlebte Johnny Cash ein großartiges Comeback mit seinem weltweit gepriesenen American Recordings, dem „besten CD-Album, das Johnny Cash seit einem Vierteljahrhundert aufgenommen hatte". „Country-Legende Johnny Cash kennt den Wert ehrlicher Musik", schrieb Die Welt und Der Spiegel war des Lobes voll: „Der berühmteste aller Country-Sänger ist zurück auf der Spur." Das Nachrichtenmagazin Focus (50/2000) titelte den Beginn des unerwarteten Aufschwungs mit: „Im Vorhof des Himmels", und fährt fort: „Nach schwerer Krankheit nahm der wahre Held der Popmusik seine neue Platte auf."

Im Vorhof der Hölle

Im Vorhof des Himmels hat sein Leben nicht gerade begonnen. Am 26. Februar 1932 nahe Kingsland im amerikanischen Bundesstaat Arkansas geboren, stand Johnny als Sohn eines armen Farmers nicht gerade auf der Sonnenseite des Lebens. Als Zwölfjähriger schrieb er seine ersten Lieder. Er sang von den müden Knochen und der verbrannten Haut, die er von den Baumwollfeldern mitbrachte. Johnny musste als Wasserträger in den so genannten Work-Gangs arbeiten und gehörte damit zu den Underdogs Amerikas.

Seinen amerikanischen Wehrdienst leistete er als 18-Jähriger bei der Air Force in Landsberg (Bayern) ab, wo er sich „verdammt verlassen" fühlte und dem Alkohol verfiel. Unehrenhaft aus der US-Army entlassen, trampte Cash als Hausierer, Discjockey und Gelegenheitssänger durch den amerikanischen Süden. Bereits 1955 trat der immer bekannter werdende Sänger und Gitarrenspieler in einer Show mit Elvis Presley auf und ein Jahr später wurde sein Lied „I walk the line“ ein Welthit. Übersetzt hieß es so viel wie: „Ich höre wachsam in mein Herz hinein und lasse meine Augen offen sein. Ich gehe meinen Weg.“

Das Erfolgsrad begann sich nun unaufhaltsam zu drehen. Aber der zum verheißungsvollsten Sänger Amerikas gewählte Star wurde mit seinen persönlichen Problemen nicht mehr fertig. Sieben verzweifelte Jahre lang, von 1960 bis 1967, taumelte er im Teufelskreis von Alkohol und Drogen umher.

„Die Mischung von Amphetaminen und Alkohol war ein gefährliches Gift, das mich fast zum Wahnsinn trieb“, gestand er mir. „Mein großer Fehler bestand darin, dass ich mich nie völlig Gott anvertraut hatte. Ich hielt vielmehr an meinem Mannesstolz fest und redete mir ein: ‚So schlecht bist du ja eigentlich gar nicht.‘“

In jenen sieben Jahren stand der verzweifelte und selbstmordgefährdete Country-Sänger mit Gott und der Welt auf Kriegsfuß. Er fuhr die nobelsten Karossen zu Schrott, zerstampfte seine Gitarren und demolierte Hotelzimmer. Nach einem Auftritt im *Grand Ole Opry* in Nashville, dem Mekka aller Country-Künstler, zertrümmerte er im Drogenrausch alle 52 Leuchten und bekam Hausverbot. Schließlich wurde er endgültig zum nationalen Outlaw, der seine Frau und Kinder misshandelte und denen daraufhin nichts anderes übrig blieb, als sich von ihm zu trennen

Endlich fasste der total ruinierte und lebensmüde Künstler während einer Gefängnisnacht in Georgia den Entschluss, mit Gottes Hilfe ein neues Leben zu beginnen.

Johnny Cash fand anschließend in seiner damaligen Kollegin June Carter, der First Lady der *Country-Music*, eine verständnisvolle Lebens- und Glaubenspartnerin, mit der er seit 1968 lebenslang verbunden blieb. Und nach einer mehrwöchigen Entziehungskur feierte der neugeborene Superstar wieder seine Triumphe.

Auftritt im Wembley Stadion mit Billy Graham

Erstmals begegnete ich Johnny Cash 1973 in London. Damals hatte *Swinging London* das Johnny Cash-Fieber erfasst, denn der amerikanische Star war seit sechs Jahren nicht mehr in Großbritannien gewesen. Um dem Publikumsrummel und der Journalistenjagd zu entgehen, hatte das 40-köpfige Johnny-Cash-Team kurzfristig einen nicht angekündigten Flieger in New York bestiegen und fast unbemerkt in verschiedene Londoner Hotels entkommen können.

Die Fernseh-, Rundfunk- und Zeitungsreporter waren ratlos. Seine amerikanischen Manager zeigten uns Journalisten die kalte Schulter und meinten: „Sogar dem BBC haben wir nicht gestattet, mit Johnny Cash ein Interview zu machen."

Auf Umwegen bekam ich jedoch die Telefonnummer seines persönlichen Referenten, der sich in seinem Hotel am Hyde Park meldete, mich aber höflich abwies. Auf gut Glück und in der Hoffnung, dass Johnny Cash im selben Hotel gastierte, hielt ich in der Lobby des noblen Hotels fast zwei Tage lang ununterbrochen nach dem ersehnten Gast Ausschau. Plötzlich huschte der schwarzhaarige, hoch gewachsene Man in Black vom Aufzug kommend ohne Bodyguards in den Speisesaal.

Unauffällig folgte ich ihm und sprach ihn an. Ich sei ein deutscher Pastor und würde mich gern mit ihm über seinen christlichen Glauben unterhalten.

Beides gefiel ihm: der Deutsche und der Pastor. Spontan lud er mich ein, mit ihm gemeinsam zu frühstücken. In einer bequemen Sofaecke plauderten wir über sein Leben.

Gern erinnerte er sich an seine Kindheit, als er in seiner heimatlichen Baptistengemeinde als 14-Jähriger einem Altarruf folgte und sich öffentlich zu Christus bekehrte: „Es war nicht die Bekehrung eines Säufers, sondern die Kapitulation eines Jungen vor Gott. Als ich an diesem Abend die Kirche verließ, fühlte ich mich so wohl wie ein Fisch im Wasser."

Zutiefst bedauerte er, dass er Gott in den darauf folgenden 24 Jahren nicht die Treue gehalten habe. Erst in der Gefängnisnacht in Georgia hat der verlorene Sohn wieder ins Vaterhaus Gottes zurückgefunden.

„Als ich von dieser fürchterlichen Drogensucht geheilt war, wurde mir bewusst, dass die Gebete meiner Angehörigen mich durchgebracht hatten", bekannte er dankbar. Dabei habe seine jetzige Ehefrau, June Carter, eine entscheidende Rolle gespielt. „Wir haben uns beide als Kinder bekehrt, doch später haben wir unsere Leiber dem Teufel hingegeben. Wir sind wirklich durch die Hölle gegangen."

Dann schwärmte er von seiner Heimatgemeinde, dem Evangel Temple am Rande seiner Heimatstadt Nashville (Tennessee): „Ich brauche hier auf der Erde eine geistliche Heimat, denn ich benötige einen Glaubensanker, nach dem ich greifen und an dem ich mich festhalten kann, wenn mich die Flut wegzutreiben droht."

Fünf Stunden nach unserem privaten Gebetsfrühstück im Londoner Parkhotel stand Johnny Cash vor 70.000 Zuschauern auf der Bühne des Wembleystadions und sagte zu ihnen: *„Hello, I am Johnny Cash.* Seien Sie nicht enttäuscht, ich werde nicht predigen und Billy Graham wird nicht singen." Gemeinsam gestalteten die eng miteinander befreundeten weltbekannten Amerikaner die von der Londoner Evangelischen Allianz organisierte Evangelisation.

Der Anwalt der Entrechteten und Ausgestoßenen

Mit diesem radikalen Gesinnungswandel ihres Superstars waren seine nichtchristlichen Produzenten und Veranstalter jedoch überhaupt nicht einverstanden.

Johnnny Cash war darüber sehr traurig und meinte: „Ich habe den Eindruck, meine Plattenfirma hätte es lieber, ich säße im Gefängnis statt in der Kirche. Meine Kollegen hätten mich lieber so, wie ich früher war. Sie wollen mich fluchen hören, hätten gern, dass ich mein Auto zu Schrott fahre ... Sie tun so, als versteckten sie ihren Whisky und ihr Marihuana, wenn ich in ihre Garderobe komme, und dann machen sie sich lustig darüber. Diese Leute können oder wollen nicht verstehen, dass ich ohne meine Hinkehr zu Gott, ohne diese Wandlung gar nicht mehr unter den Lebenden wäre."

Und geradezu euphorisch betonte er immer wieder: „Wie herrlich ist es, zu wissen, dass Jesus die Schuld dieser schrecklichen Jahre ausgelöscht und vergeben hat."

Nach ihrem gemeinsamen Neuanfang als Christen träumte June Carter, Johnny säße auf einem galiläischen Berg und verkündige die frohe Botschaft von Jesus Christus. Daraufhin entstand der von Cash produzierte und finanzierte Spielfilm „Gospel Road", die Geschichte Jesu, von June und Johnny in Wort und Lied dargestellt.

Stolz erzählte der Künstler, „Gospel Road" sei in jedem amerikanischen Zuchthaus von New York bis Kalifornien vor Hunderttausenden von Gefangenen aufgeführt worden. Außerdem gab der Mann in Schwarz jahrzehntelang jährlich mindestens 10 Konzerte in Gefängnissen: „Ich möchte die Inhaftierten wissen lassen, dass es da draußen in der Freiheit Leute gibt, die an ihrem Schicksal Anteil nehmen." Es waren wohl seine bewegendsten Auftritte in seinem Leben.

In diesem Zusammenhang zitierte er gern auch aus Briefen von Gefangenen. In einem hieß es: „Lieber Johnny, ich weiß jetzt, was Jesus meinte, als er sagte, er sei zu den Gefangenen gesandt, weil er mir heute in dir begegnet ist."

Der zum Tode verurteilte Arthur Rowley schrieb kurz vor seinem letzten Gang in die Gaskammer von San Quentin: „Johnny Cash war hier und hat für uns gesungen. Nun wird alles nicht mehr so schlimm sein."

Alles in allem war das Thema, das sein gesamtes Werk durchzog, die Dualität von Schuld und Sühne. Noch auf seinem letzten Album sang er von einem Mann, der einen andern erschießt, nur um ihn sterben zu sehen – um anschließend für seine Mordlust zu büßen. Die Versuchungen der Menschen, die Rache des Schicksals, der brennende Ring der Liebe ließen ihn seine über 500 Songs schreiben.

„Ich trage Schwarz für den Häftling im Knast"

Obwohl Johnny Cash die letzten fünf Präsidenten persönlich kannte und auch im Weißen Haus Konzerte gab, hielt er mit seiner Meinung nicht hinter dem Berg. So schrieb er zum Beispiel George Bush einen Brief, als die amerikanischen Truppen im Irak einmarschierten. Darin hieß es: „Herr Präsident, Sie ängstigen mich zu Tode. Was machen unsere Jungs dort? Sie sollten sie da schnell wieder rausholen."

Zeitlebens ist Johnny Cash der geblieben, der er immer war: Der Außenseiter kämpfte für das Recht der Indianer, protestierte gegen den Krieg in Vietnam und auch gegen den im Irak. Seine Sympathie und Solidarität mit den Ausgestoßenen und Rechtlosen begründete der sozial engagierte Künstler mit der wichtigsten Lektion seines Lebens: „Gott hat mich lieb." So reichten seine sozialen Aktionen von der Unterstützung Gefangener und Suchtabhängiger bis hin zur Gründung diverser SOS-Kinderdörfer.

Als er einmal auf Jamaika Urlaub machte und von einem schmalen Bergpfad aus die herrliche *Montego Bay* bewunderte, stand plötzlich ein sechsjähriges Mädchen vor ihm und rief: „Hello Sue."

Das kleine Mädchen aus den Slums von Barett Town kannte den amerikanischen Sänger offensichtlich aus dem Fernseher, den ein Warenhaus aufgestellt hatte, um Kunden anzulocken. Dort hatte sie seinen Song „Hello Sue" gehört.

Auf die Frage, wo es wohne, antwortete das elternlose Kind: „Nirgends."

Cash stellte Nachforschungen an und erfuhr, dass auf der übervölkerten Antilleninsel jährlich zahllose Babys von ihren Eltern ausgesetzt werden und bettelnd durch die Straßen laufen. Daraufhin gründete er auf Jamaika ein SOS-Kinderdorf.

Und letztendlich ist auch sein Markenzeichen, die stets schwarze Kleidung, eine Äußerung seines sozialen Engagements. Denn warum der Man in Black zeit seines Lebens schwarz gekleidet war, verriet er in seinem gleichnamigen Lied:

„Ich trage Schwarz für den Häftling im Knast und für den, der niemals las und hörte, dass ihn Jesus nicht vergaß, und der nicht von dem wahren Glück weiß, dass uns Gott in seiner Liebe ganz versteht. Ich trage Schwarz für den, der einsam und alt ist und für den, der sich im Drogentrip vergisst."

„Der da oben war mal ganz tief unten“

„Der da oben war mal ganz tief unten“, sagte eine Blondine neben mir in der Frankfurter Jahrhunderthalle, während Johnny Cash zusammen mit June Carter auf der Bühne sang. Seit unserer ersten Begegnung in London (1973) waren inzwischen 15 Jahre vergangen. Mir wurde das einzige Interview auf dieser Deutschlandtournee mit Johnny Cash gestattet. Diesmal waren unsere Ehefrauen dabei. Als June Carter und Johnny Cash hörten, dass wir ihren besten Freund, den weltbekannten Prediger Billy Graham, auch persönlich kannten, berichteten sie von seinem Telefonanruf aus Peking. Billy habe ihnen voller Begeisterung von dem Bekennermut chinesischer Christen berichtet, die er überall in diesem Riesenreich getroffen habe.

Unser harmonisches Verhältnis bewölkte sich, als ich die in Deutschland kursierenden Gerüchte ansprach, wonach Johnny Cash wieder rückfällig geworden sei. Millionen Fernsehzuschauer hätten seinen etwas missglückten Fernsehauftritt in der Fernsehsendung „Wetten, dass ...?“ so verstanden.

Was war passiert? Der lange Flug von den USA nach Deutschland habe bei seiner Frau und ihm zu körperlichen Anpassungsschwierigkeiten durch die Zeitverschiebung und Klimaumstellung geführt. Weil er nachts nicht hatte schlafen können, habe er sich mittags ausruhen wollen und dabei die Schlaftablettendosis unterschätzt. So sei er abends in der Fernsehshow ziemlich benommen gewesen und habe hilflos nach Worten gesucht, um die Abwesenheit seiner Frau wegen Unpässlichkeit zu entschuldigen.

Wiederholt bekräftigte er mir, er sei von seiner Drogen- und Alkoholsucht seit vielen Jahren geheilt. Er konnte es seelisch kaum verkraften, dass das von ihm geschätzte deutsche Publikum glaubte, er sei erneut den Drogen verfallen. In seinen anschließenden Konzerten hat er dann seinem Publikum wiederholt versichert, dass er clean sei und das Gerücht auf Missverständnissen beruhe. Vielmehr sei es sein größter Wunsch, Gott durch sein neues Leben zu ehren.

„Mein Glaube ist kein Geheimnis", betonte er immer wieder. „Meine Beziehung zu meinem Erlöser Jesus Christus ist noch viel intensiver geworden. Er inspiriert mich zu allem Guten, das ich zu tun vermag. Er ist auch die Quelle für mein musikalisches Schaffen. Jeden Tag vertraue ich ihm mein Leben an. Denn wenn ich nach seinem Willen lebe, läuft alles wunderbar, sonst geht alles schief."

Auf die Frage, wann er abzutreten gedenke, antwortete er: „Niemals." Aber dann korrigierte er sich: „Solange Gott mich singen lässt, bleibe ich oben."

Mit Jesus leben, das wirkt

In den letzten Jahren seines Lebens erkrankte Cash an einer unergründlichen Nervenkrankheit. Außerdem schwächten Lungenentzündungen und diverse Herzoperationen seinen Körper, aber sein Geist blieb rege und er sah dem Tod unerschrocken ins Auge. Trotz seiner Krankheit spielte er mit größter Anstrengung weiter. So ließ er sich auf seinem Anwesen in einem Blockhaus neben seinem Gebetsplatz noch in seinen letzten Jahren ein Studio einrichten, in dem er ein Meisterwerk reiner Popmusik schuf.

„Da singt einfach ein Mann mit aller seiner Kraft und einer Stimme, die sakraler nicht werden kann", schwärmte ein Focus-Journalist über diese Produktion.

Nach einer Herzoperation starb am 15. Mai 2003 seine 73-jährige geliebte Ehefrau June Carter, mit der er 35 Jahre überaus glücklich verheiratet war. June war voll des Lobes über ihren Johnny. Sie bezeichnete ihn als die „wahrscheinlich ungewöhnlichste, beste und selbstloseste Person, die ich kenne."

Johnny Cash saß Tag und Nacht an ihrem Krankenbett und tröstete sie auch in der Stunde ihres Todes.

Nur vier Monate später, am 12. September 2003, starb auch der 71-jährige Star der Country-Musik. Und er war darauf vorbereitet, denn er sagte: „Man kann sein Leben nur von Tag zu Tag leben. Das Gefühl, dem Tode nahe zu sein, hat mir eine ganz neue emotionale Sensibilität gegeben."

Was mich an Johnny Cash beeindruckte, war seine kindliche Verbundenheit mit Jesus, sein Trost im Leben und im Sterben sowie seine Hoffnung über den Tod hinaus. Diese Gewissheit ließ ihn über alle Klippen hinwegsteigen und schärfte sein Verantwortungsbewusstsein in allen Lebenslagen.

Bei unserer letzten Begegnung bekannte er mir: „Als Schauspieler und Sänger habe ich keine allzu großen Möglichkeiten zur Verkündigung des Evangeliums, obgleich ich in jedem Konzert auch christliche Songs vortrage. Ich glaube vielmehr, dass mein verändertes Leben die wirksamste Predigt für meine Zuhörer ist. Mit Jesus leben, das wirkt."

Noch immer höre ich June Carter und Johnny Cash Hand in Hand auf der Bühne singen: „Wenn ich vor dir sterbe, werde ich auf der andern Seite auf dich warten."

Und wie oft haben sie gemeinsam gesungen: „Oh when the saints go marching in ..." „Wenn die Heiligen in den Himmel kommen. Herr, lass mich auch dabei sein."

Nun sind sie beide im Himmel angekommen.

Ein Jahr nach seinem Tod (2004) hat die Plattenfirma Universal eine Sammlung von noch nicht veröffentlichten Aufnahmen der „größten Stimme der Christenheit seit Johannes dem Täufer" (so der Leadsinger Bono der irischen Band U2) mit dem Titel „Unearthed" (Ausgegraben) auf den Markt gebracht. Darauf befanden sich eindringliche Lieder von Johnny Cash, die von den Themen Schuld und Sühne, Gericht und Gnade, Tod und Leben handelten.

Das Lied „Singer of Songs" klingt wie ein Vermächtnis des legendären Sängers:

Ich bin kein Prophet und kein Pastor.
Ich bin kein weiser Mann, der aus dem Osten kam.
Ich würde dir nicht sagen, was richtig und was falsch ist.
Aber ich kann dich zu einer Stadt führen,
wo ein Mann gekreuzigt wurde.
Ich kann dir sagen, wie er lebte und weshalb er starb.
Ich kann helfen, den Ruhm dieses mächtigen
Königs zu verkünden.
Ja, ich tue es mit den Liedern, die ich singe.